问题驱动的
中学数学课堂教学

复数与三角卷

曹广福　卢建川　沈威　著

清华大学出版社
北京

内 容 简 介

本书基于数学内容的思想性针对高中复数与三角内容为中学教师和大学师范生以及数学教育研究生提供了建设性意见。对复数与三角的历史做了一番梳理,本着尊重历史与突出数学思想的原则设计了大量案例,其设计源于教材又不拘泥于教材。

本书有别于传统的数学教育理论书籍,作者融数十年数学研究经验与教学经验于数学教育研究中,提出了一些新颖的见解,直接面向一线教学提出具体的教学建议,不失为一本具有重要指导意义的一线教师教学参考书。

本书适合大学师范生作为教法教材或参考书,也可以作为中学一线教师的培训用书或教学指导用书及中学生的参考读物,还可以作为数学教育研究工作者的参考书。

版权所有,侵权必究。举报:010-62782989,beiqinquan@tup.tsinghua.edu.cn。

图书在版编目(CIP)数据

问题驱动的中学数学课堂教学.复数与三角卷/曹广福,卢建川,沈威著.—北京:清华大学出版社,2019(2024.7重印)
ISBN 978-7-302-53517-1

Ⅰ. ①问…　Ⅱ. ①曹…　②卢…　③沈…　Ⅲ. ①中学数学课－课堂教学－教学研究　Ⅳ. ①G633.602

中国版本图书馆 CIP 数据核字(2019)第 180084 号

责任编辑:刘　颖
封面设计:傅瑞学
责任校对:刘玉霞
责任印制:宋　林

出版发行:清华大学出版社
　　　　网　　　址:https://www.tup.com.cn,https://www.wqxuetang.com
　　　　地　　　址:北京清华大学学研大厦 A 座　　　邮　　　编:100084
　　　　社 总 机:010-83470000　　　　　　邮　　　购:010-62786544
　　　　投稿与读者服务:010-62776969,c-service@tup.tsinghua.edu.cn
　　　　质量反馈:010-62772015,zhiliang@tup.tsinghua.edu.cn
印 装 者:三河市人民印务有限公司
经　　销:全国新华书店
开　　本:170mm×240mm　　　印　张:12.5　　　字　数:172 千字
版　　次:2019 年 9 月第 1 版　　　印　次:2024 年 7 月第 4 次印刷
定　　价:39.80 元

产品编号:082396-01

理查德·费曼

我不能创造的，我也无法理解

——费曼

许多人认为，理查德·费曼（Richard Feynman，1918 年 5 月 11 日——1988 年 2 月 15 日）是 20 世纪诞生于美国的最伟大的物理学家，一个独辟蹊径的思考者、超乎寻常的教师、尽善尽美的演员，1965 年，他因在量子电动力学方面作出的卓越贡献，获得诺贝尔物理学奖。费曼认为他对物理学最重要的贡献不是量子电动力学或超流理论，而是根据他 20 世纪 60 年代在加州理工学院授课录音整理而成的三卷教材《费曼物理学讲义》。费曼有一种特殊能力，他能把复杂的观点用简单的语言表述出来，这使得他成为一位硕果累累的教育家。在获得的诸多奖项中，他自豪的是 1972 年获得的奥尔斯特教育奖章。

汉斯·弗赖登塔尔

数学教育是数学的再创造

——弗赖登塔尔

　　汉斯·弗赖登塔尔(H. Freudenthal,1905—1990)是国际上极负盛名的荷兰数学家和数学教育家。他是著名数学家布劳威尔的学生,早年从事纯粹数学研究,以代数拓扑学和李群研究方面的杰出工作进入国际著名数学家的行列。作为著名的数学家,弗赖登塔尔非常关注教育问题,他很早就把数学教育作为自己思考和研究的对象,在这一点上弗赖登塔尔与其他科学家有所不同,其他高水平的科学家开始关注和投入研究教育问题时往往是在他们年老之后,而弗赖登塔尔被教育问题所吸引从很早就开始了。他本人对此有一个解释:我一生都是做教师,之所以从很早就开始思考教育方面的问题,是为了把教师这一行做好。弗赖登塔尔指导、推动和亲身参与了荷兰的数学教育改革实践,并对 20 世纪国际数学课程的改革与发展作出了重大贡献。弗赖登塔尔一生发表关于数学教育的著述达几百篇(部),其中三本著作《作为教育任务的数学》《除草和播种》《数学结构的教学现象》用多种文字出版,在国际上产生了很大的影响。

总 / 序

　　介入中学数学教育已有若干年,我时常在思考一个问题:"数学教育的本质到底是什么? 我们该教给学生什么?"其实很多人都在思考这个问题,也都有自己的认识,有一种"高大上"的说法:"教学生如何思考,如何学习"。可我们真的知道怎么教学生思考吗? 我们真的知道怎么指导学生学习吗? 我们把很多问题归咎于应试教育,问题是,我们能进行什么样的教育?

　　诺贝尔物理学奖获得者、著名物理学家、加州理工学院教授理查德·费曼(Richard Feynman)最后一次住院治疗前,在其办公室的黑板上写下:"我不能创造的,我也无法理解"(What I cannot create, I do not understand)。从教育的角度说,这句话是很有道理的。很多人都读过弗赖登塔尔的《作为教育任务的数学》,我以为,概括起来,《作为教育任务的数学》表述了两个基本观点:(1)数学教育应该结合学生的生活体验与数学现实;(2)数学教育是数学的"再创造"。虽然我对于弗赖登塔尔在《数学教育再探》《除草与播种》等论著中的一些观点持保留意见,但我相信,无论是数学教育工作者还是数学教育研究者乃至教材编写者,大概都会认同弗赖登塔尔的这两个观点。然而,如何结合学生的生活体验与数学现实? 实际操作时往往会出现问题。中学数学教材无论是引入一个概念还是建立一个定理,通常都会创设一些问题情境,其目的也正是为了体现与学生的生活体验相结合。问题是,我们为什么要创设这样的问题情境? 它真的能反映出我们所建立的概念或定理的科学本质吗? 以复数的引入为例,几乎所有的教材都是以 $x^2 + 1 = 0$ 在实数范围内无解所以需要扩充数域作为复数导入的问题情境。有些人认为,从代数的角度看,无非是定义一些抽象的运算使之成为一个代数或域,对抽象代数耳熟能详的人来说,这的确是一件自然的事情。可如果一个中学生问你:"老师,为什么要研究 $x^2+1=0$ 这样的方程？它有意义吗？"教师该如何回答？如果你无法回答学生的问题,你又如何让学生相信这个概念是重要的？学生又如何知道该怎样使用这套理论？结合学生的生活体验与数学现实的具体体现是创设合适的问题情境,但这个问题情境应该是有价值的真实情境,而不是虚无缥缈、不着边际的虚假或毫无意义的情境,与其这样,还不如直截了当地引入数学概念。

说到真实的问题情境,必然涉及另一个本质问题,什么叫数学的"再创造"？如果教师自己都不知道数学是怎么被创造出来的,他(她)又如何引导学生去"再创造"？教师或数学教育研究工作者固然有别于数学研究工作者,教师与数学教育研究工作者可以不必做具体的数学研究,但至少应该懂数学,具备数学的鉴赏能力,否则他(她)的教育或研究必然是空中楼阁,甚至不知所云,缺少实际的可操作性。

小学数学教育属于启蒙教育,需要教育学、心理学的指导,一个小学数学教师如果对教育学、心理学一无所知,他一定是个不合格的教师。但从中学开始,数学内容的思想性上升为数学教育的核心,应该将数学的"再创造"作为数学教育的灵魂。这就给数学教师与数学教育研究工作者提出了一个严肃的问题:"我们真的懂数学吗？我们具备数学鉴赏能力吗？我们到底该从事或研究什么样的数学教育？"如果我们不懂数学,不具备数学的鉴赏能力,我们又如何引领学生进行数学的"再创造"？除了依样画葫芦,还能干什么？

任何数学概念与定理都不是数学家或物理学家头脑中的臆想物,都有其产生的背景,有些概念甚至经过了数百年的考验才最终登堂入室得到广泛的认同,还有些理论曾让数学家与物理学家们争论不休甚至引起了极度恐慌。如果数学只是数学家的游戏,那么它就不会被科学家们深究不放,不弄清楚其真面目誓不罢休。可以说,直至微积分,一切的数学都离不开现实与自然科学,即使是现代数学,追根溯源,也与自然科学有着千丝万缕、述说不清的渊源。数学课堂怎么引导学生"再创造"？有一种观点认为越简单越好，不要把简单问题复杂化，果真如此，最简单的做法是单刀直入开门见山地告诉学生一个数学概念或定理，就如前面提到的复数那样。如果是这样，我们从事的还是数学教育吗？恐怕充其量不过是数学知识的传授，而且其中夹杂着很多虚假的成分让学生难辨真伪。

要做好数学教育研究首先需要了解数学，懂得鉴赏数学。这就好比音乐教师给学生分析一首歌，如果教师不清楚音乐表达的是一种什么样的情感，不知道词曲作者创作该曲的背景，甚至连乐曲是什么调、什么节拍都不甚了解，他怎么向学生剖析？从这个意义上说，无论是搞数学教育还是做数学教育研究，有必要先学好数学，学会鉴赏数学。

数学教育该以什么样的方式进行？这本无一定之规，课堂是教学的最基本形式，少数有天赋的学生也可能自学成才或者因为特定的环境脱颖而出，就大众而言，通常都需要经过课堂教学这样的特定形式。数学教育是否需要改革？答案是肯定的，问题是改什么？为什么要改？

数学对于数学教师与数学教育研究者而言应该是个"白箱"，换言之，数学教师与数学教育研究者应该对数学有透彻的了解，这种了解并非指你是否懂得某个概念与定理，知道怎么用它们，更重要的是，你要清楚概念与定理产生的背景以及它们的科学价值。我们常常把数学文化放在嘴上，我们真的了解什么是数学文化吗？数学文化不等于介绍一些数学史，或者开展一些课外数学兴趣活动，更重要的是，数学文化体现在每一节数学课的教学过程中。打个比方，一幅画摆在你的面前，如果你是个普通的观赏者，你可能朦胧地觉得这幅画好不好看，至于怎么个好看法，你就说不出所以然来了，如果你面对的是一幅抽象派的画作，你可能压根就无法判定它是好还是不好。但如果你是个专业的鉴赏家（不一定是画家），你可能不仅了解作者是谁，是在什么背景下画的这幅画（历史），可能还知道这幅画表达了作者什么样的情感，并能解读出画中的每一个细节（文化）。当然，光线、构图、色彩等则是画家与鉴赏家的基本功（内容）。任何一个高水平解说员对你解说一幅画作的时候一定不会仅仅停留在作者是怎么用光的，构图如何,用了什么色彩,而是向你解释,如此用光是为了表达什么样的意境,构图为什么精巧,色彩表达了什么样的感情,包括远近高低、清晰模糊等都传递了什么信息,这就是文化。数学也是如此,只不过与绘画相比,它更为抽象,需要具备与众不同的鉴赏能力才能读懂,我们有多少数学课堂传递了数学文化? 如果教师做不到,还奢谈什么数学文化?

数学对于学生而言好比"黑箱",数学教师与数学教育研究工作者不仅应该了解数学知识,更应该了解数学文化,知道数学在表达什么,它缘何产生,对数学乃至自然科学产生了什么影响,它的重要性体现在哪里? 我们如何判断一个数学结果的好坏? 好在哪里? 不好在哪里? 只有这样才能引导学生一步一步地揭开"黑箱"的秘密。

课堂教学的最高境界是什么? 是自由王国,还是无招胜有招。

很多人认为教师讲课应该好好写备课笔记,讲什么、重点难点是什么应该做到心中有数。这些自然有一定的道理,但知道重点难点就算备好课了吗? 假如让你在不同的时间里给两个班上同样内容的课,你第一次上课与第二次上课有没有差别? 差别在哪里? 对于新教师来说,也许两次课基本没有什么差别,因为他或者照着讲义(PPT)读,或者把讲义熟记了下来,可以一字不漏地把讲义内容背出来。这样的课成功与否取决于你讲义的水平如何,但不管如何成功,这样的课都算不上高水平的授课。什么是高水平的授课? 无论你重复讲多少次同样内容的课,你使用的语言都可能各不相同,但意思却是一样的,也就是说,你抓住的是课程的精髓与思想,至于用什么样的语言来表达则是次要的。尤其是有了多媒体之后,很多东西完全可以通过屏幕展示,无须教师费事书写。说到底,语言与文字只是知识的载体,知识又是思想的载体,教师的任务是通过语言将知识所承载的思想传递给学生,而要达到这种境界,绝不是站在与所传授的知识同一水平线上能够做到的,教师需要站在更高的层面上才能真正看清楚知识所承载的思想,否则他(她)只能是照本宣科、依样画葫芦。

教师的教学有层次上的差别。如果教师的课堂教学仅仅停留在就知识论知识上,没有对知识的独立见解,也没有对知识的主客观评判,那么,他的教学就仅仅停留在传授知识的层面上。如果教师的课堂教学具有对概念、原理的深入剖析,而且这种剖析蕴含着自己对知识的独到见解,这种见解也许基于对历史的了解,也许基于自身的研究积累,那么他的教学就有了文化内涵。这就是课堂教学中知识与文化的差别。

很多人认为教学水平取决于教学经验的积累,此言大谬,教学经验的积累的确可以让教师的教学变得更加成熟,但未必能决定他教学的高度,换句话说,经验的积累可以在同一层面上使他的教学更完善,例如教态、语言、板书等都可以通过经验的积累逐步规范与提高。然而,决定教师教育高度的根本因素则是教师的眼界与素养。如果一个教师能够抓住问题的本质,有对问题的独到见解,哪怕他的语言不够规范,仪表不够端庄,板书不够工整,他的教学也是高水平的。反之,如果教师缺少把握本质问题的能力,教学只是停留在细枝末节上,无论他的举止多么高雅,语言多么幽默,板书多么工整,他的教学也是低水平的。

有人说:"教育的关键是教会学生如何学习",问题是如何教会学生学习?这是个值得探讨的问题。学会学习的根本在于掌握基本的思维方法,能否掌握思维方法与思想取决于你对相关学科的鉴赏力。教师传授思想的过程就是教会学生如何学习、如何鉴赏的过程。

本书着眼于高中数学内容的思想性为教师们的教学和大学师范生以及数学教育研究生的教育实习提供了建设性意见,书中针对教材内容与课堂教学给出了大量案例分析,同时设计了部分高中数学内容的教案供一线教师参考。

本人非数学教育专业出身,无非是凭借多年从事数学研究与数学教学的经验发表一些粗浅的认识,行文素喜信马由缰,不专业之处在所难免,也算是为中国数学教育研究添一块另类的砖头。谬误之处,恭请专家批评指正。

曹广福

2018 年 4 月

本 / 卷 / 序

　　我历来主张教材与课堂都不能杜撰历史,如果不清楚历史,宁可不说,单刀直入介绍概念或定理即可。以复数概念教学为例,教材以 $x^2 + 1 = 0$ 在实数范围内无解所以需要扩充数域作为虚数概念的切入点,这里存在几个疑问:(1)历史并非如此,复数的出现与三次方程的求根公式有关,而正式登堂入室则是在找到了它的几何与物理背景之后;(2)如果学生问:"为什么要让这个方程有解? 为了解决什么问题?"教师将如何回答? (3)在复数的四则运算中,加减法不难理解,与向量的线性运算是相容的,但如果学生问:"为什么那样定义复数的乘除法? 为什么不可以像复数的加减法那样将复数的实部与虚部分别相乘或相除?"事实上,哈达马(Hadamard)乘积就是这样定义的,为什么复数的乘法就不可以这样定义呢? 教师怕是回答不了这样的问题。要解释清楚这个问题自然离不开复数运算的几何背景。

　　高中复数部分占用的教学时间很少,只有几课时,很难面面俱到地把所有相关问题解释清楚。例如,教师不可能在课堂上把一元三次方程的求根公式推导一遍,那样既偏离了主题也耗费了不必要的时间。所以要在"历史"与"再创造"之间寻找一种平衡,换言之,需要将复数的"学术形态"转变成"教育形态"。

　　三角函数是最重要的初等函数,也是高考考查的重点内容之一。有的教材关于三角函数的编写有值得斟酌与完善之处,例如任意角、弧度制及任意三角函数的引入分别设计了三个不相干的问题情境,用手表的校准引入任意角,以"为了使用上的方便,数学上还采用另一种度量角的单位制——弧度制"引入弧度制,再以锐角三角函数的坐标表示为出发点引入任意角三角函数,这些情境的设计颇有些令人费解。机械表的确存在校准时间的问题,但谁也不会关心分针或秒针旋转了多少角度,因为关心这个问题毫无意义。为什么要引入弧度制?它能带来什么方便?教材语焉不详,需要到任意角的三角函数部分才看到弧度制的使用,但如果教师不讲清楚,估计学生仍然无法搞清楚这个问题。任意角三角函数的问题情境也值得推敲,它没有回答一个基本问题:为什么要定义任意角的三角函数?教材只是根据锐角三角函数的坐标表示类推到任意角的三角函数,虽然后面简要介绍了一点历史,但学生无法从那段历史介绍中找到上述问题的答案! 因为它太缺少细节,没有说清楚引入任意角三角函数的必要性,也没有阐明为什么要像教材那样建立任意角的三角函数,学生无法透过教材看到数学思想的火花。

我们对三角函数内容做了一个大胆的重构,以汽车仪表板的工作原理作为问题情境贯穿任意角、弧度制与任意角三角函数教学的始终,将天体的运行简化成一个质点(汽车轮子的中心)作直线运动,另一个质点(车轮圆周上的固定点)绕着该质点作旋转运动,如何确定任意时刻质点所处的位置? 这个问题的解决自然带出了任意角的正弦函数与余弦函数,质点的轨迹是数学上著名的摆线。

解三角形部分我们补充了几乎所有常用的三角公式,因为这些公式本来就属于中学传统的内容,大学课程中又很常用,中学教师可以视情况决定是否将其纳入课堂教学。

虽然本卷的构思与现行教材的构思有较大的差异性,但内容与体系是一致的。作为教师,也许觉得按照教材组织教学省事又省力,但至少自身要知其所以然,否则,改革恐怕永远是纸上谈兵,达不到预期的效果,希望本卷能为有兴趣的师生提供一点帮助。

曹广福

2019 年 4 月

目 / 录

第 1 章　复数与三角函数简史　/ 1

1.1　**复数简史** ··· 1

 1.1.1　怪物的出现 ·· 1

 1.1.2　虚数的萌芽 ·· 2

 1.1.3　几何与物理的发现 ···································· 5

 1.1.4　如果没有复数,物理学将如何发展 ················ 8

1.2　**三角函数简史** ··· 11

 1.2.1　三角学简史 ·· 11

 1.2.2　三角函数所蕴藏的深刻思想 ······················· 12

 1.2.3　从三角函数到傅里叶分析 ·························· 15

 1.2.4　欧拉公式 ··· 16

第 2 章　复数教学　/ 19

2.1　**复数教学内容简析** ··· 19

 2.1.1　复数教学现状 ··· 19

 2.1.2　复数教学内容的解读与分析 ······················· 21

2.2　**复数教学案例设计** ··· 26

 2.2.1　复数教学策略 ··· 26

2.2.2 "数系的扩充和复数的概念"教学案例设计 …………… 27

第3章 三角函数教学 / 45

3.1 三角函数教学策略 …………………………………………… 45

3.1.1 角度制与弧度制 ……………………………………… 45

3.1.2 三角函数教学策略 …………………………………… 48

3.2 任意角、弧度制及三角函数教学案例设计 ………… 52

3.2.1 任意角与弧度制教学案例设计 …………………… 52

3.2.2 再论锐角三角比 …………………………………… 64

3.2.3 锐角三角函数教学案例设计 ……………………… 66

3.2.4 任意角三角函数的课堂教学重构 ……………… 70

3.2.5 任意角三角函数教学案例设计 ………………… 72

第4章 三角公式 / 106

4.1 为什么要研究三角公式 ………………………………… 106

4.1.1 三角公式可有可无吗 ……………………………… 106

4.1.2 向量空间与内积空间 ……………………………… 109

4.1.3 再谈三角公式 ……………………………………… 110

4.2 三角公式教学案例设计 ………………………………… 112

第5章 解三角形 / 126

5.1 正弦定理 …………………………………………………… 126

5.1.1 三角形中的各种关系 ……………………………… 126

5.1.2 正弦定理的发现及意义 …………………………… 128

　　　5.1.3　正弦定理教学案例设计 ………………………………… 129

5.2　余弦定理 …………………………………………………… 133

　　　5.2.1　余弦定理的向量法证明 …………………………………… 133

　　　5.2.2　从勾股定理到余弦定理 …………………………………… 134

　　　5.2.3　余弦定理教学案例设计 …………………………………… 135

5.3　正弦定理与余弦定理的应用 ……………………………… 138

　　　5.3.1　正弦定理与余弦定理的综合运用案例设计 ……………… 138

　　　5.3.2　正弦定理与余弦定理在生活中的应用案例设计 ……… 141

第6章　复数与三角函数的应用　/ 145

6.1　复数在数学及自然科学中的应用 ……………………… 145

　　　6.1.1　复数在几何中的应用例解 ………………………………… 145

　　　6.1.2　复数在运动力学中的应用初步 …………………………… 149

　　　6.1.3　复数在电磁学中的应用初步 ……………………………… 151

6.2　傅里叶分析简介 …………………………………………… 154

　　　6.2.1　傅里叶分析的起源 ………………………………………… 154

　　　6.2.2　傅里叶分析的物理背景 …………………………………… 155

　　　6.2.3　傅里叶分析中的两个基本概念 …………………………… 157

附录　复数与三角部分考试题收录　/ 161

参 / 考 / 文 / 献　/ 179

索 / 引　/ 180

第1章 复数与三角函数简史

1.1 复数简史

1.1.1 怪物的出现

古希腊的毕达哥拉斯(Pythagoras,公元前 580—前 500)认为:"宇宙一切事物的度量都可用整数或整数的比来表示,除此之外,就再没有什么了。"他的观点被他的学生希帕索斯(Hippasus,约公元前 530—前 500 年,生卒年不详)彻底颠覆了,希帕索斯利用毕达哥拉斯证明的勾股定理(西方称其为毕达哥拉斯定理,当毕达哥拉斯证明了这个定理后,其学派内外异常兴奋,宰了 100 头牛以祭祀缪斯女神,故也称为百牛定理)证明了单位正方形的对角线长度就不是毕达哥拉斯所说的整数或整数的比,后人称之为根号 2。这一发现不仅令毕达哥拉斯难堪,也让希帕索斯为此命丧大海,这就是历史上著名的第一次数学危机。根号 2 的出现,不仅让人类认识了一类新的数——无理数,也使数学的发展进入了一个新的里程碑。尽管人们无法否认无理数的存在,不过无理数的阴影笼罩着数学界达 2000 年之久。

16 世纪中叶,当欧洲人还没有完全理解负数、无理数时,数学上又出现了一个"怪物",这就是复数。实际上,早在公元 1 世纪,希腊数学家海伦(Heron of Alexandria,公元 62 年左右,生卒年不详)在解决平顶金字塔不可能问题的时候就提到过负数方根,这是关于复数最早的文献记载。但复数真正引起关注并让大家感到迷惑则是源于卡尔达诺(Girolamo Cardano,1501—1576)的三次方程求根公式,那个时候大家并不认为复数是个实实在在存在的东西,然而一些具有实根的三次方程用卡尔达诺的求根公式求解时却出现了负数的平方根。例如方程 $x^3 = 15x + 4$ 有三个实根 $4, -2 + \sqrt{3}, -2 - \sqrt{3}$，但把 $p = 15, q = 4$ 代入卡尔达诺公式

$$x = \sqrt[3]{\frac{q}{2} + \sqrt{\left(\frac{q}{2}\right)^2 - \left(\frac{p}{3}\right)^3}} + \sqrt[3]{\frac{q}{2} - \sqrt{\left(\frac{q}{2}\right)^2 - \left(\frac{p}{3}\right)^3}}$$

时，平方根内部出现了负数 $\left(\frac{q}{2}\right)^2 - \left(\frac{p}{3}\right)^3 = -121 < 0$，用这个公式并不能得到上面的三个实根，而是下面这个莫名其妙的"怪物"：

$$x = \sqrt[2]{2 + \sqrt{-121}} + \sqrt[3]{2 - \sqrt{-121}} \text{。}$$

卡尔达诺的确也考虑过二次方程问题，他在《重要的艺术》(1545)一书中提出了一个问题：把 10 分成两部分，使其乘积为 40。它等价于求解二次方程 $x(10-x) = 40$，这个方程的根是 $5 - \sqrt{-15}$ 和 $5 + \sqrt{-15}$，卡尔达诺声称："不管会受到多大的良心责备，"把 $5 - \sqrt{-15}$ 和 $5 + \sqrt{-15}$ 相乘，可得 $25 - (-15) = 40$。接着他评价道："算术就是这样神妙地搞下去，它的目标，正如常言所说，是既精致又不中用的。"法国数学家笛卡儿(Descartes，1596—1650)不承认复根，他造出了"虚数"(imaginary number)的概念。那时人们对复数的认识可以用莱布尼茨(Leibniz，1646—1716)的话来概括："圣灵在分析的奇观中找到了超凡的显示，这就是那个理想世界的祥兆，那个介于存在与不存在之间的两栖物，那个我们称之为虚的 -1 的平方根。"在复数找到它的几何与物理背景之前虽然常被大家提及，但并没有引起足够的重视，在经历了 200 年数学与自然科学漫长的发展之后，人们发现了它的几何与物理背景，这才使得复数广为大家认同，成为数学的重要概念，随之发展起来的复变函数对数学、物理学都产生了深远的影响。

1.1.2 虚数的萌芽

如前所述，复数由萌芽直到最终为人们普遍接受经历了相当长的时

间。卡尔达诺、莱布尼茨等数学家们大概没有料想到复数特别是复变函数理论如今已是一个内容十分丰富并在数学与自然科学的各个领域发挥了举足轻重影响的重要理论。

虚数概念诞生于"荒谬的矛盾"中,带着"虚无缥缈"的色彩。虚数概念最早的确源于高次方程的求解。众所周知,代数方程的求解一直是古代数学的核心问题之一。人们很早就懂得二次方程的配方法,从而发明了求根公式。古希腊数学家丢番图(Diophantus,200—284)在求解一元二次方程过程中就曾遇到过负数开平方的情形。关于负数的平方根,在 16 世纪之前就常常会遇到,但由于它缺少实际背景,数学家们均认为这类方程没有意义。

虚数再次出现于 1545 年,如前所述,在意大利文艺复兴时期,数学家卡尔达诺在《重要的艺术》一书中提到一个后来常被引用的问题:将 10 分成两部分,使它们的乘积等于 40。

卡尔达诺运用增量法求解方程组:

$$\begin{cases} x+y=10, \\ xy=40。 \end{cases}$$

设 $x=5+t,y=5-t$ 即 $10=(5+t)+(5-t)$,于是

$$(5+t)(5-t)=40,$$
$$5^2-t^2=40,$$
$$t^2=5^2-40,$$
$$t^2=-15。$$

卡尔达诺比前人走多了一步,他进一步"形式化地"得出所谓的:

$$t=\sqrt{-15}, \quad 即 \quad \begin{cases} x=5+\sqrt{-15}, \\ y=5-\sqrt{-15}。 \end{cases}$$

进而运用算术的平方差公式的"形式化运算"进行验算,得

$$(5+\sqrt{-15})(5-\sqrt{-15})=25-(-15)=40。$$

卡尔达诺在书中指出这很"矫揉造作",但却能自圆其说。

卡尔达诺突破传统地承认 $5+\sqrt{-15}$ 和 $5-\sqrt{-15}$ 这种数,并将它们

用于算术运算,而且发现:过程很"虚幻"但结果又不矛盾。

在《重要的艺术》中卡尔达诺进一步系统地讨论了高次方程求解的相关问题,包括三次、四次代数方程的公式解。数学史上三次方程一般解法的优先归属权本属于塔尔塔利亚(Tartaglia,1499—1557,意大利),虽然卡尔达诺在书中也作了解法来源的说明,但由于《重要的艺术》的影响力,三次方程的求根公式最终还是被冠以"卡尔达诺公式"或"卡当(或卡丹)公式"流传开来。

按照欧洲人的习惯,那时的方程只有正系数项,在《重要的艺术》中卡尔达诺将各种含二次项的三次方程转化为下列 4 种不含二次项的方程:

$$x^3 = px + q, \quad x^3 + px = q, \quad x^3 + px + q = 0,$$

$$x^3 + q = px(其中 \ p, q \ 均为正数)。$$

《重要的艺术》还对每种方程解的正确性分别给出了几何上的直观证明。探讨过程并非一帆风顺,卡尔达诺、塔尔塔利亚和此后的另一位意大利数学家邦贝利(R. Bombeli,1526—1572)都曾讨论了三次方程求解的一个不能合理解释的疑难点,即三次方程的 3 个根是不同的实数,但此时方程的求根公式中却出现了负数的平方根,称之为"不可约"。

邦贝利通过观察和试算发现,三次方程 $x^3 = 15x + 4$ 有 3 个根 4, $-2 + \sqrt{3}$, $-2 - \sqrt{3}$,这 3 个根都是实数。

另一方面邦贝利套用卡尔达诺公式却得到了令人困惑的不同结果。邦贝利考察了方程:

$$x^3 = px + q(其中 \ p, q \ 均为正数)。$$

设 $x = \sqrt[3]{u} + \sqrt[3]{v}$(分离变量法),于是

$$(\sqrt[3]{u} + \sqrt[3]{v})^3 = p(\sqrt[3]{u} + \sqrt[3]{v}) + q,$$

$$u + v + 3\sqrt[3]{u}\sqrt[3]{v}(\sqrt[3]{u} + \sqrt[3]{v}) = q + p(\sqrt[3]{u} + \sqrt[3]{v}),$$

从而

$$\begin{cases} u + v = q, \\ 3\sqrt[3]{u}\sqrt[3]{v} = p, \end{cases} \quad 即 \quad \begin{cases} u + v = q, \\ uv = \left(\dfrac{p}{3}\right)^3。 \end{cases}$$

u 和 v 是一元二次方程 $y^2 - qy + \left(\dfrac{p}{3}\right)^3 = 0$ 的根,即

$$u, v = \frac{q}{2} \pm \sqrt{\left(\frac{q}{2}\right)^2 - \left(\frac{p}{3}\right)^3} \text{。}$$

于是得到方程 $x^3 = px + q$ 的一个正根

$$x = \sqrt[3]{\frac{q}{2} + \sqrt{\left(\frac{q}{2}\right)^2 - \left(\frac{p}{3}\right)^3}} + \sqrt[3]{\frac{q}{2} - \sqrt{\left(\frac{q}{2}\right)^2 - \left(\frac{p}{3}\right)^3}} \text{。}$$

对于三次方程 $x^3 = 15x + 4$,即取 $p = 15, q = 4$,于是出现了"不可约"情形,即 $\left(\dfrac{q}{2}\right) - \left(\dfrac{p}{3}\right)^3 = -121 < 0$,求解公式中的被开平方数是负数,并非前面所说的 3 个实数根中的任何一个,而是一个不明的"怪物"

$$x = \sqrt[3]{2 + \sqrt{-121}} + \sqrt[3]{2 - \sqrt{-121}} \text{。}$$

相比卡尔达诺和塔尔塔利亚,邦贝利又向前多迈了一步,他猜想既然 $2 + \sqrt{-121}$ 和 $2 - \sqrt{-121}$ 只相差一个符号,那么它们的三次方根也应该只相差一个符号。于是他假设

$$\sqrt[3]{2 + \sqrt{-121}} = a + \sqrt{-b}, \quad \sqrt[3]{2 - \sqrt{-121}} = a - \sqrt{-b},$$

由此解出:$a = 2$ 和 $b = 1$,于是得

$$x = \sqrt[3]{2 + \sqrt{-121}} + \sqrt[3]{2 - \sqrt{-121}} = (2 + \sqrt{-1}) + (2 - \sqrt{-1}) = 4 \text{。}$$

聪明的邦贝利利用两个"怪物" $\sqrt{-121}$ 和 $\sqrt{-1}$ 解决了两种解法所得不同结果之间不和谐的矛盾,使得这个"怪物"多少有了一点存在的理由。笛卡儿将这个"怪物"命名为"虚数"(imaginary number),$\sqrt{-1}$ 称为虚数单位,记为 i,即 $i^2 = -1$。

邦贝利创造了复数的代数形式,并使用了与实数类似的算术运算法则。

1.1.3 几何与物理的发现

虽然邦贝利让复数有了存在的理由,但除了形式化的演算,复数并没有给人们带来实际的应用,很多人仍然对它感到疑惑,大多很谨慎地引用它。

　　人们对复数的疑惑主要源自它的"真实性",在它诞生后的 200 年间,并没有引起人们足够的重视。这也带给我们一种启示,一个概念如果不能在任何学科中找到它的背景,它终究难以登堂入室得到人们的认同,大家也不敢轻易使用。即使名声之盛如欧拉,虽然他在文章中引用了复数,但他同时谨慎地声明:这个东西是没有意义的、是不存在的。甚至到了 19 世纪的 1831 年,德摩根(De Morgan,1806—1871)在他的著作《论数学的研究和困难》中依然认为:"已经证明了记号是没有意义的,或者甚至是自相矛盾或荒唐可笑的。然而,通过这些记号,代数中极其有用的一部分便建立起来了,它依赖于一件必须用经验来检验的事实,即代数的一般规则可以应用于这些式子(复数)。"直到物理学的介入,才给了复数数学上的名分。

　　18 世纪末,韦塞尔、阿尔冈和高斯(Gauss)的工作逐渐使人们相信复数并非纯逻辑的产物,在物理与几何上都可以找到它的背景,最早发现复数与几何之间关系的人是丹麦测绘专家韦塞尔(C. Wessel,1745—1818),或许由于他的名气远不如高斯,虽然高斯相关的研究要比韦塞尔晚一些,但后人多以为发现复数重要背景的人是高斯。

　　出生于挪威的丹麦地图测绘专家韦塞尔于 1797 年以测绘问题为背景,运用平面向量工具和三角学工具研究了有关测量问题。韦塞尔发现,他所使用的代表方向的一个单位向量 ε 恰与 200 多年前数学中就出现的虚数单位 i 具有相同的特征,即 $\varepsilon^2 = -1$。历史是如此惊人的巧合,数学上虚无缥缈的"怪物""i"与几何中实实在在的"ε"不谋而合。

　　韦塞尔正是基于测量绘图实践工作的经验,抓住了有向线段的两个测绘要素:线段长度和线段方向,即长度和方向角以及它们的变化。

　　韦塞尔按照传统物理学中力的叠加,通过平面上平行四边形法则给出了有向线段的加法定义。他创造性地运用有向线段的"乘法"定义了有向线段的平面旋转变换。

　　韦塞尔首先引入了一个单位 ε,即长度为 1 和方向角为 90° 的有向线段。他指出:+1 表示正的线段单位,ε 表示垂直于正单位且始于原点的有向线段单位,其方向角等于 90°(如图 1.1(a));同理,有向线段单位 -1 的方向角

等于 $180°$,有向线段单位 $-\varepsilon$ 的方向角等于 $-90°$ 或 $270°$(如图 1.1(b))。

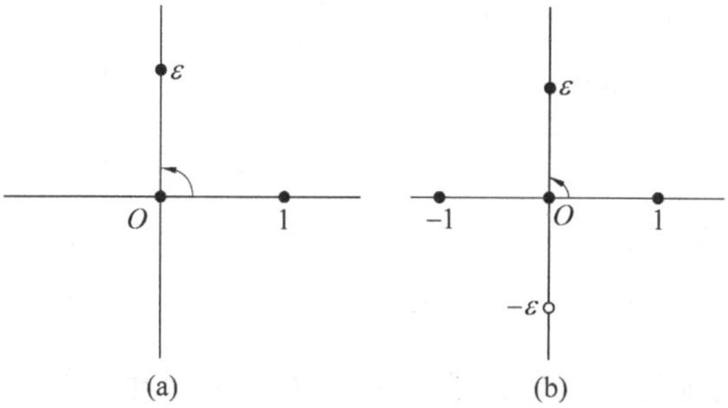

图 1.1

对于始自原点且偏离正单位的角度为 v 的单位长有向线段,如同力的分解方式分解为水平量 $\cos v$ 和垂直量 $\varepsilon \sin v$,然后将它们合成 $\cos v + \varepsilon \sin v$ 表示该单位长有向线段。同时 $\cos v + \varepsilon \sin v$ 也可以看作对一个向量绕原点逆时针旋转角度 v 的旋转变换(如图 1.2)。

给定单位长有向线段 $\cos v + \sin v$ 与另一个相对偏离正单位的角度为 u 的单位长有向线段 $\cos u + \varepsilon \sin u$,韦塞尔定义它们的“积”为偏离正单位角度为 $v+u$ 的单位长有向线段 $\cos(v+u) + \varepsilon \sin(v+u)$。换言之,积的方向角等于两个因子方向角的和。韦塞尔说:“可以证明以下两个公式对所有情形——一个角或两个角都是锐角或钝角,正的或负的,都可以轻而易举地有效应用。”于是,正向单位长线段逆时针旋转角度 v 后再继续逆时针旋转角度 u 可以表示为

$$(\cos v + \varepsilon \sin v)(\cos u + \varepsilon \sin u) = \cos(v+u) + \varepsilon \sin(v+u),$$

上式右边展开,即得(参见图 1.3)

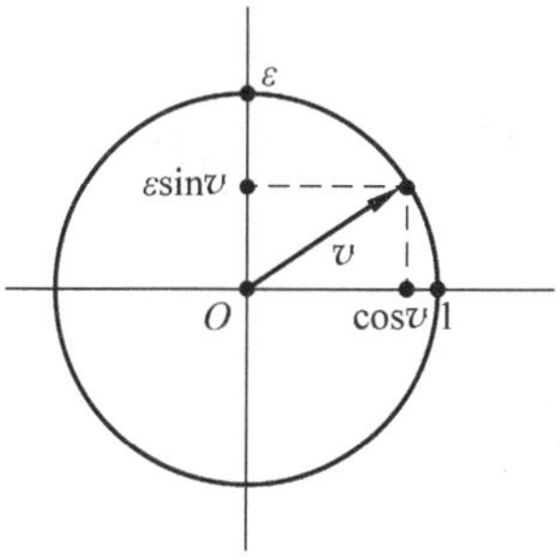

图 1.2

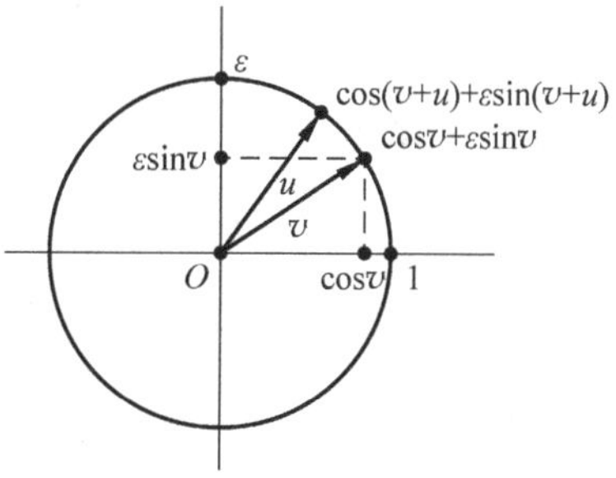

图 1.3

$$(\cos v + \varepsilon \sin v)(\cos u + \varepsilon \sin u)$$

$$= (\cos v \cos u - \sin v \sin u) + \varepsilon(\cos v \sin u + \sin v \cos u)。$$

韦塞尔进一步根据"乘积的方向角等于因子方向角之和"推导出：

$$(+1)(+1) = +1, \quad (+1)(-1) = -1, \quad (-1)(-1) = +1,$$

$$(+1)(+\varepsilon) = +\varepsilon, \quad (+1)(-\varepsilon) = -\varepsilon, \quad (-1)(+\varepsilon) = -\varepsilon,$$

$$(-1)(-\varepsilon) = +\varepsilon, \quad (+\varepsilon)(+\varepsilon) = -1, \quad (-\varepsilon)(-\varepsilon) = -1。$$

韦塞尔成功地运用有向线段的乘法描述了物理上的平面旋转运动,这与用实数描述直线运动颇为相似,但增加了一个与实数轴垂直的新的方向向量：$(+\varepsilon)(+\varepsilon) = -1$,即 $\varepsilon = \sqrt{-1}$,它恰好与 200 多年前三次方程求解中出现的 $\sqrt{-1}$ 非常相似。韦塞尔构造的 $\cos v + \varepsilon \sin v$ 与邦贝利构造的形式化的 $2 + \sqrt{-1}$ 在结构上惊人的一致。这个代表有向线段的量 $\cos v + \varepsilon \sin v$(即 $\cos v + i \sin v$)及其所定义的运算就是今天人们所说的"复数"及其运算,它是描述平面直线运动和旋转运动的简洁而有效的模型。正是清楚了复数的几何与物理背景,而且通过复数的代数运算可以方便有效地描述物体的平面运动,才使得在数学大门之外徘徊了 200 年之久的复数最终走进数学殿堂并迅速发展形成了一套对数学与自然科学产生了深远影响的理论——复变函数。如果没有复数,数学与物理学的发展将是另一番模样,更不可能有后来的四元数理论及八元数理论。

1.1.4　如果没有复数,物理学将如何发展

如果没有复数及其运算,人们也可以研究平面运动,但需要利用远没有复数方便的向量。平面运动分为直线运动和曲线运动,曲线运动可以分解为直线运动和旋转运动。向量的合成可以有效地描述力的合成,然而向量描述旋转运动就显得有点累赘与繁杂了,很多问题需要通过坐标系的旋转才能描述清楚。

所谓坐标系的旋转指的是坐标系绕坐标原点旋转一定角度形成新的

坐标系,平面内的点在不同坐标系下坐标将会发生变化。

如图 1.4 所示,假设坐标系绕原点的旋转角为 α(若顺时针旋转则 α 为负),这时,点 P 在原坐标系 xOy 下的坐标为 $P(x,y)$,在新坐标系 $x'Oy'$ 下的坐标为 $P(x',y')$。P 在不同坐标系之下的新坐标 (x',y') 与旧坐标 (x,y) 之间的关系为

$$\begin{pmatrix} x \\ y \end{pmatrix} = \begin{pmatrix} \cos\alpha & -\sin\alpha \\ \sin\alpha & \cos\alpha \end{pmatrix} \begin{pmatrix} x' \\ y' \end{pmatrix}。$$

矩阵 $\begin{pmatrix} \cos\alpha & -\sin\alpha \\ \sin\alpha & \cos\alpha \end{pmatrix}$ 在几何与物理学上都非常重要,它称为旋转矩阵,也叫正交矩阵,正交矩阵反映了物理学上的刚体运动。

在图 1.5 中,若质点 P 从 x 轴开始沿单位圆逆时针旋转了 α 角,然后又继续逆时针旋转 β 角,即旋转了 $\alpha+\beta$ 角。设质点在坐标系 xOy 中的坐标为 $(\tilde{x},\tilde{y})$,则 $(\tilde{x},\tilde{y})=(\cos(\alpha+\beta),\sin(\alpha+\beta))$,它可以通过矩阵运算获得。

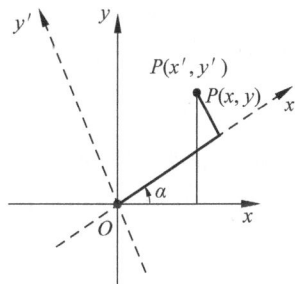

图 1.4

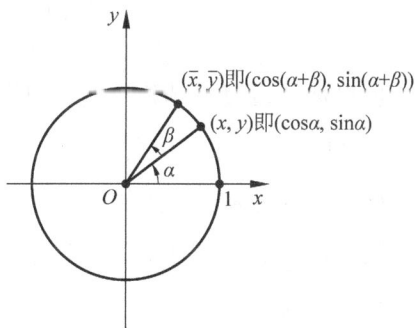

图 1.5

坐标系的旋转相当于图像反方向旋转,或者说质点旋转 β 角相当于坐标系反方向旋转相同的角度。所以,在坐标系 xOy 中,质点由坐标为 (x,y) 的点逆时针旋转 β 角到坐标为 $(\tilde{x},\tilde{y})$ 的点,等价于坐标系旋转反方向 β 角,P 点在旧坐标系下的坐标 $(\tilde{x},\tilde{y})$ 与在新坐标系中的坐标 (x,y) 之间有关系:

$$\begin{pmatrix} \tilde{x} \\ \tilde{y} \end{pmatrix} = \begin{pmatrix} \cos\beta & -\sin\beta \\ \sin\beta & \cos\beta \end{pmatrix} \begin{pmatrix} x \\ y \end{pmatrix}.$$

在坐标系 xOy 中,质点 P 从 x 轴开始沿单位圆逆时针旋转了 α 角,然后又继续逆时针旋转了 β 角,这时如何求质点 P 的坐标 $(\tilde{x}, \tilde{y})$?

如图 1.5,已知质点第一次旋转 α 角的坐标是 $(x, y) = (\cos\alpha, \sin\alpha)$,即 $x = \cos\alpha$,$y = \sin\alpha$,那么质点第二次旋转 β 角所得点的坐标 $(\tilde{x}, \tilde{y})$ 可以如下计算:

$$\begin{pmatrix} \tilde{x} \\ \tilde{y} \end{pmatrix} = \begin{pmatrix} \cos\beta & -\sin\beta \\ \sin\beta & \cos\beta \end{pmatrix} \begin{pmatrix} \cos\alpha \\ \sin\alpha \end{pmatrix},$$

即

$$\begin{pmatrix} \tilde{x} \\ \tilde{y} \end{pmatrix} = \begin{pmatrix} \cos\beta & -\sin\beta \\ \sin\beta & \cos\beta \end{pmatrix} \begin{pmatrix} \cos\alpha \\ \sin\alpha \end{pmatrix} = \begin{pmatrix} \cos\alpha\cos\beta - \sin\beta\sin\alpha \\ \sin\beta\cos\alpha + \cos\beta\sin\alpha \end{pmatrix}.$$

由于 $\cos\alpha\cos\beta - \sin\alpha\sin\beta = \cos(\alpha+\beta)$,$\sin\beta\cos\alpha + \cos\beta\sin\alpha = \sin(\alpha+\beta)$,从而

$$\begin{pmatrix} \tilde{x} \\ \tilde{y} \end{pmatrix} = \begin{pmatrix} \cos(\alpha+\beta) \\ \sin(\alpha+\beta) \end{pmatrix}.$$

这里涉及较复杂的矩阵运算,所以尽管向量在物理学上有比较重要的应用,但往往应用于简单的力的分解,而对于更复杂的旋转运动,计算动点的坐标 $(\tilde{x}, \tilde{y})$ 则涉及矩阵的运算,特别是涉及几次旋转的叠加时则需要作矩阵的乘法运算。例如质点旋转了 β 角,再旋转 β' 角,计算质点的坐标就要作矩阵乘法运算:

$$\begin{pmatrix} \tilde{x} \\ \tilde{y} \end{pmatrix} = \begin{pmatrix} \cos\beta' & -\sin\beta' \\ \sin\beta' & \cos\beta' \end{pmatrix} \begin{pmatrix} \cos\beta & -\sin\beta \\ \sin\beta & \cos\beta \end{pmatrix} \begin{pmatrix} x \\ y \end{pmatrix}.$$

与复数的代数运算相比,矩阵的运算显然复杂了许多,可见向量并非描述平面运动的最合适的工具。对于同样的问题,如果引入复数的四则运算则显得简单明了。通过复数可以将向量即二元数组像实数那样进行代数运算,从而将平面运动化归为复数的四则运算,充分体现了复数的优越性。如果不是韦塞尔、高斯等人在几何与物理上找到了复数的归属,恐怕

复数迄今还是停留在虚无缥缈的形式化运算阶段。

1.2　三角函数简史

1.2.1　三角学简史

众所周知,三角学源于天文学,它是在解决天文实际问题的过程中发展起来的。古代历书的编制是天文学发展的源泉,深入考查天体的位置及其运行情况是正确编写历书的前提,三角学正是伴随着天文学的发展而发展的。此外,航海技术也有赖于天文学,它极大地促进了天文学及三角学的发展。三角学分球面三角学与平面三角学,球面三角学先于平面三角学的形成与发展。作为球面三角学的特殊情况,当球面三角学的球面半径无穷大时,球面三角形就可以看成平面三角形了,平面三角学与几何测量有着密切关系,正是这种关系促进了平面三角学的发展。

三角学的名称 trigonometry 来自拉丁文 trigonometria,最先使用该词的人是文艺复兴时期的德国数学家皮蒂斯楚斯(B. Pitiscus,1561—1613),他在 1595 年出版的《三角学:解三角简明处理》(*Trigonometria：sive de solutione tractatus brevis et perspicuous*)中创造了这个词,其构成法是由三角形(triangulum)和测量(metrics)两字组合而成,直译便是三角形的测量,也就是解三角形,在此基础上逐渐发展为研究三角函数理论及其应用的一门重要数学分支,它是傅里叶级数、小波分析和泛函分析等学科的重要基础。

数学史料认为,古希腊天文学家喜帕凯斯(Hipparchus,约公元前180—前125)是三角学萌芽时代的重要奠基者,他被称为"三角学之父"。那时虽然还没有提出三角学的边角关系问题,更没有角的函数概念,但是喜帕凯斯却利用几何方法解决了三角学范围内的一些问题。喜帕凯斯主要贡献有两个方面:一是制作了一张弦表,弦表就是在固定的圆内不同圆心角所对弦长的表,相当于现在圆心角一半的正弦线的 2 倍,这是世界上最早的三角函数表。二是将球面三角方法用于天文计算。三角学的另一个重要奠基者是门纳劳斯(Menelaus,约公元 1 世纪),《球面学》是门纳劳斯的精心杰作,门纳劳斯正因为此书而被尊称为"三角学的奠基者",他是第一个让三角学剥离天文学成为独立学科的人。《球面学》中提出了著名的门纳劳斯定理:任何一条直线截三角形的各边或其延长线,都使得三条不相邻线段之积等于另外三条线段之积,门纳劳斯把这一定理扩展到了球面三角形。最早系统性论述三角学的是托勒密(Ptolemy,公元 85—165),托勒密是古代西方天文学的集大成者,他在其著作《天文学大成》中提出了托勒密定理:圆内接四边形两对对边乘积之和,等于其对角线的乘积,并利用此定理推导出了喜帕凯斯的弦表,而且对弦表进行了改进。从托勒密定理出发不但可以推导出弦表,还可以推导出正弦、余弦的和差公式,以及一系列三角恒等式。弦表在托勒密改进后,传至印度,印度数学家改用半弦(相当于正弦线),并作出正弦函数表,再传入中亚细亚,伊斯兰学者进一步编制出较完善的函数表(参见文献[1])。

托勒密采用巴比伦人的六十进制,将圆周分为 360 度,以 1 度作为度量弧长的单位,同时又取半径的 60 分之一作为度量直线的长度,于是在一个圆内,就有两种不同的长度单位,这是很不方便的。要消除这种不便并不困难,只要统一单位就行了。欧拉在他的《无穷小分析引论》中倡导用弧度制,即以半径为单位来量弧长。《无穷小分析引论》发表于 1748 年,这部著作使三角学从静态地研究三角形解法发展出利用三角函数刻画现实世界运动或变化过程,使三角学进化成现代数学的重要分支。

1.2.2　三角函数所蕴藏的深刻思想

天文学发展初期,编写历书时需要测量与计算天体之间的距离,在测量与计算天体距离的过程中,逐渐抽象出以三角形为背景的静态几何问题。由于任意三角形问题都可以转化为直角三角形问题,所以测量与计算天体之间的距离就转化为研究直角三角形的问题。在求解直角三角形时发现,当固定一个锐角,其形成直角三角形的边之比是不变的,由此形成了锐角三角比的概念(参见文献[2])。而由测量与计算天体之间距离的天文学逐渐独立成为天文学的一个分支——恒星天文学。初中锐角三角比蕴含着一个重要的不变量,即当直角三角形的锐角固定时,边长之比是不变的,它是相似三角形的不变量。

随着恒星天文学的发展,人们开始研究随着天体的运动,天体之间的位置关系,其中太阳、地球和月亮之间的位置关系是最基本的三体模型。太阳、地球和月亮在公转与自转过程中,计算何时出现日全食,何时出现月全食,此时,可以将太阳、地球及月亮近似看成三个质点,地球绕着太阳旋转,月亮绕着地球旋转,研究它们的位置关系自然离不开三角函数。在一个相对比较短的时间间隔内,可以将地球近似看成直线运动,月亮则绕着地球作圆周运动,它的一个简单模型便是一个质点作直线运动时另一个质点绕着这个质点作旋转运动,在任意时刻后者所处的位置在哪里?生活中类似的模型很多,例如汽车或自行车的运动就是这样的简单模型。

三角学中有两个重要图形:内摆线和外摆线,它们源自天文学。当半径为 r 的圆沿着半径为 R 的固定圆的内边缘转动时,其上一定点的运动轨迹称为内摆线,内摆线的参数方程为

$$\begin{cases} x = (R-r)\cos\theta + r\cos\phi, \\ y = (R-r)\sin\theta - r\sin\phi。 \end{cases} \quad (如图 1.6(a) 所示)$$

当半径为 r 的圆沿着半径为 R 的固定圆的外边缘转动时,其上一定点的运动轨迹称为外摆线,外摆线的参数方程为

$$\begin{cases} x = (R+r)\cos\theta + r\cos[(R+r)/r]\theta, \\ y = (R+r)\sin\theta - r\sin[(R+r)/r]\theta。 \end{cases} \quad (如图 1.6(b) 所示)$$

这两个摆线的核心是正弦函数和余弦函数(参见文献[3])。内摆线和外摆线对研究和解决周期现象问题具有重要的科学价值,设计齿轮形状的基础就是内摆线和外摆线。三角函数的发展与天文学是密不可分的,天文学既

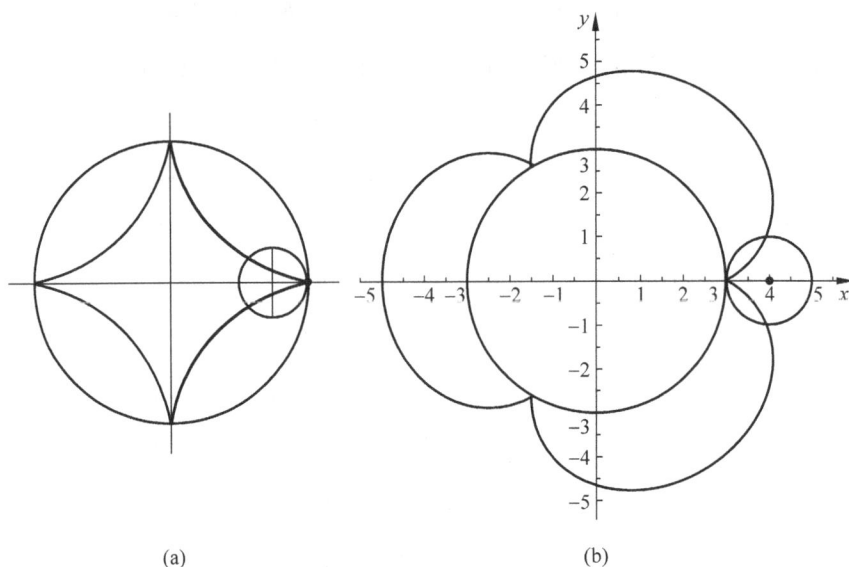

(a)   (b)

图   1.6

为三角函数的研究提供了广阔的舞台,也为揭示三角函数的深刻思想提供了重要背景。

随着天文学、物理学的进一步发展,三角函数逐渐发展成三角级数理论。三角级数与恒星天文学始终形影不离,恒星天文学研究促进了三角级数的发展。三角级数之所以在恒星天文学中发挥了举足轻重的作用,本质在于三角级数与天文现象有着共同的特征——周期性。最早运用三角级数于恒星天文学是为了确定恒星介于观测到的位置之间的位置,也就是偏微分方程中的插值问题。最早研究插值问题的人是欧拉,他把已经得到的方法用到行星扰动理论中出现的一个函数上,得到函数的三角级数表示(参见文献[4])。可见三角函数与恒星天文学是共生的,没有恒星天文学就没有三角函数,没有三角函数的发展,也就没有恒星天文学的发展。人民教育出版社出版的三角函数教科书也专门辟出篇幅讨论三角学与天文学的关系(参见文献[5])。

1.2.3 从三角函数到傅里叶分析

振动无处不在决定了波的无处不在,只要物体发生振动,就会形成波动,一切波动都是某种振动的传播过程。以波的形式传播的还有电波和光,波分为横波和纵波:像收音机、电视机、手机通信波,眼睛感受到的光、红外线等都属于电磁波,它们具有相同的物理性质,这些电磁波在真空中传播速度都是 $30 \times 10^5 \, km/s$,在电磁波中,电场和磁场的强度随时间变化,且它们的方向与波的传播方向垂直,这样的波叫作横波。像声音等利用空气等介质密度高低传播,波的传播方向与振动方向相同的波叫作纵波。横波中电场和磁场在与前进方向垂直的上下方向上变化,用图形表示就是正弦函数的图像,纵波中密度的变化用图形表示出来,也是正弦函数。因此,不论是纵波还是横波,都可以利用正弦函数表示。由多个简单的波复合而成的复杂波形是傅里叶变换的基础,或者说研究简单波形合成复杂波的频率和强度的数学方法就是傅里叶变换。

傅里叶变换是傅里叶(Baron Jean Baptiste Joseph Fourier,1768—1830)在研究"热传导法则"问题时开始使用的,他发现复杂的现象都是由简单的现象组合而成,受此启发,复杂的波也是由多个简单的波复合而成。1965 年,根据离散傅里叶变换的奇、偶、虚、实等特性,利用三角函数的组合,对离散傅里叶变换的算法进行改造,人们提出了一种高效的傅里叶变换——快速傅里叶变换(Fast Fourier Transform,FFT),傅里叶变换随着 FFT 和计算机的发展,很快在各领域获得应用。例如,医院使用的心电图仪器就是通过波的形状把病人心脏跳动直观表示出来,由此可以看出傅里叶变换应用范围之广泛。傅里叶分析的核心是傅里叶定理,它是所有周期现象的核心。傅里叶把傅里叶定理扩展到非周期函数,把非周期函数看成周期函数的极限状态,这个想法对量子力学的发展产生了重大影响。无论如何,傅里叶分析离不开正弦函数和余弦函数,正弦函数和余弦函数是三角级数和傅里叶分析的核心(参见文献[3])。

1.2.4 欧拉公式

欧拉公式是数学史上十大著名公式之一,这一公式将几个重要常数巧妙地联系在一起,高斯评论这个公式时说:"一个人第一次看到这个公式而不感到它的魅力,他不可能成为数学家。"

莱昂哈德·欧拉(Leonhard Euler,1707—1783)是瑞士数学家和物理学家,他是历史上最多产的数学家,其足迹遍布数学以及力学、光学、声学、水利、天文、化学、医药等各个领域。数学史上称18世纪为"欧拉时代",与他同时代的人们称他为"分析的化身",由此可见欧拉对那个时代的影响之深远。欧拉出生于瑞士,刚过而立之年便患上眼疾,右眼失明,59岁时不幸双眼失明。然而性格乐观的他凭着惊人的记忆力依然在继续着他伟大的工作,他撰写学术论文就像给朋友写信那样容易。在他生命的最后17年间,虽然丧失了视力,但也提高了他思维的想象力。欧拉一生中到底撰写了多少著作没有人能确切了解。据估计,如果要出版已经搜集到的欧拉著作,大概需用大4开本60卷至80卷。

欧拉为人谦逊,虽然在数学与自然科学上作出了巨大的贡献,但很少用自己的名字给他发现的东西命名。有人认为欧拉曾用自己的名字命名常数e,也许是因为欧拉的首写字母是e所致。历史上第一次用到常数e的人是莱布尼茨,他在1690年和1691年写给惠更斯的信中用b表示这个常数。1727年欧拉用e表示这个常数,1736年欧拉出版的《力学》(Mechanica)著作中正式使用e表示该常数,此后字母e成了标准的表示方法,后人也称之为欧拉常数。

欧拉是不是用自己的首写字母表示这个常数无从考证,以欧拉的谦虚,当不至于这么做,不过以他对科学的贡献,即使这么做了也无可指责。也有人猜测可能因为e是"指数"(exponential)一词的首写字母。

欧拉公式将指数函数的定义域扩充到了复数域,将三角函数和指数函数巧妙地联系了起来,被誉为"数学中的天桥",它的发现是一个奇迹。

1740 年 10 月 8 日,欧拉给他的老师约翰·伯努利(Johann Bernoulli,1667—1748)写了一封信,信中提到方程

$$\frac{\mathrm{d}^2 y}{\mathrm{d}x^2} + y = 0, \quad y(0) = 2, \quad y'(0) = 0$$

有两种形式的解:

$$y = 2\cos x,$$

$$y = \mathrm{e}^{x\sqrt{-1}} + \mathrm{e}^{-x\sqrt{-1}}。$$

验证这个解的正确性并不难,代进去算一算便可,出奇之处是欧拉将指数函数拓展到了复数情形,尽管复数在当时尚没有得到大家的认同,但这种形式上的推广为后来复变函数的发展奠定了基础。欧拉得到这两个形式解时感到很奇怪,不过他很快意识到,两个形式迥异的表达式应该是相等的,即

$$2\cos x = \mathrm{e}^{x\sqrt{-1}} + \mathrm{e}^{-x\sqrt{-1}}。$$

用"i"表示虚数单位正是这个时候由欧拉首次提出,后来成了虚数单位的通用符号沿袭至今。欧拉在给约翰·伯努利的另一封信中给出了另一个等式

$$2\mathrm{i}\sin x = \mathrm{e}^{x\sqrt{-1}} - \mathrm{e}^{-x\sqrt{-1}}。$$

欧拉用自然对数的幂级数展开验证了这两个等式,尽管是一种形式演算,但欧拉凭着他非凡的数学直觉,坚信这两个公式是正确的,并且在他的《无穷小分析》一书中正式提出了著名的欧拉公式

$$\mathrm{e}^{\mathrm{i}x} = \cos x + \mathrm{i}\sin x。$$

证明欧拉公式的方法很多,既可以用三角函数与指数函数的幂级数展开,也可以利用导数,中学生能接受的方法应该是导数方法。具体地说,可以作一个辅助函数

$$f(x) = \frac{\cos x + \mathrm{i}\sin x}{\mathrm{e}^{\mathrm{i}x}}。$$

对 $f(x)$ 求导可得

$$f'(x) = \frac{(-\sin x + \mathrm{i}\cos x)\mathrm{e}^{\mathrm{i}x} - \mathrm{i}\mathrm{e}^{\mathrm{i}x}(\cos x + \mathrm{i}\sin x)}{\mathrm{e}^{2x\mathrm{i}}} = 0,$$

这说明 $f(x)$ 是常函数,令 $x=0$,得 $f(0)=1$,于是 $f(x)=1$,即

$$e^{ix} = \cos x + i\sin x。$$

当 $x=\pi$ 时得

$$e^{\pi i} + 1 = 0。$$

上述公式将数学中最重要的几个常数 e,i,π 以及 0 和 1 联系在一起,堪称完美,不愧数学史上十大重要公式之一。

　　同一个欧拉公式,不同的人眼里看到的是不同的东西,在机械专家眼里看到的是圆周运动与振动之间的互相转换,于是发明了机械传动装置。在数学家与数码专家眼里看到的是波,于是发明了声能与电能之间的转换装置。在化学家眼里看到的是原子的影像,于是发明了晶体几何。

　　那么圆周运动是怎么和振动产生联系的呢? 如图 1.7 所示,简谐运动 $x=A\cos wt$ 可视为一个绕原点做等速圆周运动的点在水平轴上的投影。

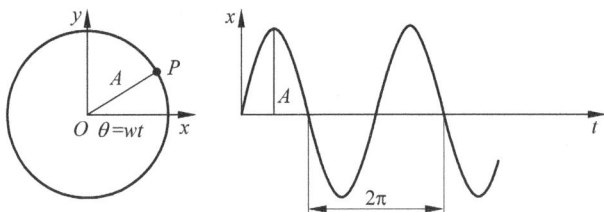

图　1.7

　　因此我们可以通过连接机制将振动运动与圆周运动互相转换。这个连接机制叫做曲柄摇杆机构,这种机构在机械制造中随处可见。

　　由此可见,复数无论是对数学还是自然科学的影响都是非常深远的,如果学生不了解这一点,那么复数对于他们就如当年卡尔达诺一样是一个虚无缥缈的东西。

第2章 复数教学

2.1.1 复数教学现状

在 2013 年的一次教研活动中观摩了一节高二数学公开课,公开课的内容正是高中数学选修 2-2 §3.1.1《数系的扩充和复数的概念》。教师通过类比有理数系扩充到实数系的过程,考虑在求解一元二次方程 $x^2+1=0$ 时,实数集不够用了,需要引入虚数进行数集的扩充,使得方程 $x^2+1=0$ 有解,从而得到复数域。

从简洁的角度看,通过方程 $x^2+1=0$ 的求解引入虚数单位 i 进而引入复数的确事半功倍。然而,如果学生产生这样的疑问:"$x^2+1=0$ 代表了什么?为什么要研究它?"教师能回答学生的困惑吗?也许有些教师自己都不清楚。数学史上源于数学自身的发展需要或矛盾冲突而产生的概念与原理倒也并不鲜见,但无论出于数学还是自然科学的需要,发明一个概念总需要有一个令人信服的理由,否则这样的概念是无法得到大家认同的。从教学的角度看,不宜为了教学上的方便而不顾历史杜撰一些虚假的情境,虚假的情境会将概念或原理所蕴含的深刻思想淹没,从而使学生产生一种幻觉,认为数学不仅抽象,而且无聊,远不如虚拟世界的游戏好玩,更谈不上有用。学生会误以为引入复数就是为了求解类似 $x^2+1=0$ 的这些莫名其妙的方程,这样的数学教育不仅误导了学生,更严重的是无法让学生理解数学深刻的内涵与思想。

几个版本的高中课程标准实验教科书数学选修 1-2 和 2-2 的复数部分

都是以"为使方程 $x^2+1=0$ 有解"来引入虚数的,这些教科书关于复数内容的编写脉络基本是同质化的,按照尊重教材的一贯要求,教师们自然不敢冒天下之大不韪自作主张另起炉灶搞一套教学方案。令人遗憾的是,按照这种方式引入复数概念不仅有违复数产生与发展的历史,而且让学生失去了领略复数的曲折而又迷人的创造过程以及它对数学与物理是如何产生深刻影响的机会。

某版教材是这样引入复数的:

> 我们从数集 A(实数及新数 i)出发,希望新引进的数 i 和实数之间仍然能像实数系那样进行加法和乘法运算,并希望加法和乘法都满足交换律、结合律,以及乘法对加法满足分配律。依照以上设想,把实数 a 与新引入的数 i 相加,结果记作 $a+$i;把实数 b 与 i 相乘,结果记作 bi;把实数 a 与实数 b 和 i 相乘的结果相加,结果记作 $a+b$i,等等。由于加法和乘法的运算律仍然应该成立,从而这些运算的结果都可以写成 $a+b$i$(a,b\in\mathbf{R})$ 的形式,应把这些数都添加到数集 A 中去。再注意到实数 a 和数 i,也可以看作是 $a+b$i$(a,b\in\mathbf{R})$ 这样的数的特殊形式,所以实数系经过扩充后得到的新数集应该是 $\mathbf{C}=\{a+b$i$|a,b\in\mathbf{R}\}$。我们把集合 $\mathbf{C}=\{a+b$i$|a,b\in\mathbf{R}\}$ 中的数,即形如 $a+b$i$(a,b\in\mathbf{R})$ 的数叫做复数(complex number),其中 i 叫做虚数单位(imaginary unit)。全体复数所成的集合 $\mathbf{C}$ 叫做复数集(set of complex numbers)。

复数的加法和乘法与实数的加法和乘法有着完全不同的意义,如何能够**"希望新引进的数 i 和实数之间仍然能像实数系那样进行加法和乘法运算"**呢?这个问题既不能揭示复数的加法和乘法的本质,也不能揭示复数的"二元数"特征,复数概念的本质被完全掩盖了。在这样的引导之下,学生会以为复数不过是"随意"增加的一些"数",并按"原来的四则运算法则"确定这些数的运算,至于这些数有什么用、这些运算的本质和作用是什么就无从得知了。

正如教师在课堂上所讲:"我们可以把 $a+b$i 看成 $5+2\sqrt{3}$ 那样来进行

类似的四则运算和合并同类项",这是对复数运算错误的理解。$a+bi$ 与 $5+2\sqrt{3}$ 中的两个加号"＋"是施加于完全不同的对象,本质也是完全不同的运算符号。不把这些问题搞明白,学生学习复数后将永远不知道它是怎么来的,为什么要这么定义复数,学生对复数的知识体系将形成错误的认识,除非到了大学阶段有重新认识复数的机会,否则复数对于他们就是一种无效的学习与无用的知识,更遑论数学素养的提升。

如前所述,复数概念最早源自一元三次方程的求解问题,邦贝利发现三次方程 $x^3=15x+4$ 有 3 个实根 $x_1=4$,$x_2=-2+\sqrt{3}$,$x_3=-2-\sqrt{3}$,然而若套用卡尔达诺公式解,却出现了负数的平方根,数学家们为此感到困惑。在那个时候的数学家眼中,没有实数解的方程是没有意义的,所以尽管出现了后来对数学与自然科学产生重大影响的负数的平方根,这一发现在当时并没有引起大家的重视。此后的 200 多年间,虽然有一些数学家偶尔在形式演算中用到了复数,但也都非常谨慎,声明这个数是没有意义的。出现这样的现象并不奇怪,因为让这个"怪物"参与形式运算并不会带来任何矛盾。直到韦塞尔将复数与向量对应表示,从而使它成为描述平面旋转运动简洁而有效的数学模型,复数才找到了它的立足之地,终于广为数学家与物理学家们接受,并逐渐发展成为一门深刻的理论,对数学与物理学产生了深远的影响。

鉴于复数的历史比较复杂,中学讲授复数的课时数又很有限,完全按照历史的线索来教授复数是不现实的。如何在尊重历史的前提下重构复数是值得探索的问题。

2.1.2 复数教学内容的解读与分析

1. "数系扩充与虚数单位引入"中的伪问题

现行的高中数学教材均是通过类比有理数到实数的数系扩充过程进而引入虚数单位。例如有些教材以问题"方程 $x^2-2=0$ 无有理数解,所以需要引入无理数"类比"方程 $x^2+1=0$ 无实数解,所以需要引入形式解和新数 i,以解决负数能够开平方问题"。

有些教材干脆开门见山地直接提出"方程 $x^2+1=0$ 或 $\Delta<0$ 的二次方程无实数解,所以需要引入形式解和新数 i,以解决负数能够开平方问题"。

类比有理数系的扩充引入虚数既不符合逻辑,也不符合历史。因为方程 $x^2-2=0$ 是有现实意义的,例如它可以对应于求单位正方形对角线的长度,但方程 $x^2+1=0$ 的现实背景或数学背景是什么? 如果没有背景,为什么研究它们? 如果没有物理或几何背景,就无法回答为什么要求解方程 $x^2+1=0$ 这类问题。历史上复数概念并非出现在一元二次方程的求解中,那些在实数范围内无解的方程被认为是没有意义的,**无须讨论它的解,这样的判别并没有导致任何问题和矛盾**。

如前所述,复数之所以引起人们的困惑,是因为类似 $x^3=15x+4$ 的三次方程有 3 个实根,但套用卡尔达诺公式时却出现了负数开平方的形式,历史上把这种现象称为三次方程解的悖论。为了解释这一矛盾,人们逐渐认识了负数开平方的形式解的客观性,初步接受引入 $a+b\sqrt{-1}$ 的形式解,卡尔达诺也曾利用复数来分解 10 使其乘积等于 40。但是,在很长的一段时间中并没有引起特别的重视,因为它除了解释前述解的悖论之外,并没有更多的用途。

有人认为,既然抽象代数中运用形式化的符号来定义各种运算,复数无非也是对一些对象引入形式化的运算,只要逻辑上没有问题就没什么不可以。这不仅是对复数的亵渎,也把抽象代数庸俗化了,如果数学可以这样,复数就不会历经 200 多年才广为大家认同,抽象代数也不可能像它所发挥的作用那样对数学产生如此深远的影响。事实上,抽象代数的抽象性作为其基本特征决定了它高度的概括性与普适性,与其他形式主义数学的产生一样,它的产生并非空中楼阁,是源于很多对象在某些方面具有高度的相似性,于是将具体的背景剥离出去,将这种相似性抽象出来形成现代数学,关注不同的特征则形成不同的理论。抽象代数关注的是对象的结构,于是有了抽象的代数运算,产生了"群""环""域""代数"等概念,这些概念虽然抽象,却源自很多具有共同代数特征的对象,例如数的运算、矩阵的运算、算子的运算、函数的运算等都有着高度的相似性,所以可以把这种具有高度相似性的运算提炼出来引入抽象的代数运算。由此可见,无论多么抽象的概念,其产生必有其产生的根源。复数的背景与抽象代数形式化运算的背景是完全不同的两回事,怎可将其混为一谈? 前者恰恰为后者的产生提供了背景。

"引入新数使方程 $x^2+1=0$ 有解"的问题既不符合历史,在代数方程中也找不到引入新数的理由,这是一个典型的伪问题。教材虽然很难在有限的篇幅上完全按照历史发展的线索将一个概念的产生过程完完整整地叙述清楚,但至少应尊重历史,而不是杜撰一些不符合史实的问题或例子,否则学生所了解的将是不真实的数学,而是如同海市蜃楼般的空洞虚无的理论,学生虽然"学了数学"却未必真的"懂了数学"。

2. "复数概念"与"复数四则运算"的解读与剖析

教材"希望新引进的数 i 和实数之间仍然能像实数系那样进行加法和乘法运算",于是构造了复数 $a+bi$,并给出形式化的运算法则,看起来显得简单明了,学生对加法与减法运算法则即使不能理解其内在的含义,形式化记忆也不会有太大的问题。对于复数的乘法运算也勉强可以接受,只要记住 $i^2=-1$,作形式化的运算就可以了,但除法运算为什么要那样算? 学生可能就会感到迷茫。更重要的是,引入复数运算的初衷正是企图像实数的四则运算运用于直线运动那样将复数运算运用于平面内的运动从而使得平面运动的描述得以简化,四元数的诞生正是基于相同的思想,与复数不同的是,四元数的运算不再满足交换律,但结合律依然保持。也曾有人使用类似的方法引入八元数,八元数比四元数又少了结合律,它在玄论、广义相对论中有重要的应用。离开了复数的物理与几何背景,纯粹从代数的角度形式化引入复数的四则运算无疑会让学生难以理解为什么要这么做,不知道能用它干什么,对四则运算内在的意义必然是一头雾水,更无法理解后来为什么又产生了四元数与八元数。教材中有几个问题或许可以进一步斟酌改进：

（1）复数的加法和乘法与实数的加法和乘法有着不同的几何意义，其形式计算与结果与实数也颇有不同。简单地以"希望新数 i 和实数保持实数系一样的加法和乘法运算"引入复数运算无疑将复数的几何特征淹没了。从几何的角度看，实数的四则运算是在一个方向上对向量作合成（叠加）、伸缩变换或逆向变换（负数的乘法），复数的四则运算不仅包含了不同方向向量的合成、伸缩变换（线性运算），还包含了旋转变换（乘法与除法运算），换言之，复数具有二元特征，复数的二元特征是复数的本质特征，不清楚这一点就无法真正理解复数概念。

将 $a+b\sqrt{3}$（其中 a 与 b 是有理数）与 $a+bi$ 做类比在运算形式上确有相似之处，因为两个形如 $a+b\sqrt{3}$ 的数进行四则运算，其结果仍然具有类似 $a+b\sqrt{3}$ 的形式，从代数的角度看，完全可以将这类数放在一起构成一个特殊数域，从结构上考察，它与复数的确很像，然而两者却有着本质不同。首先，对 $a+b\sqrt{3}$ 运算只能限制在有理数域上进行，正如有理数域一样，这个数域是不完备的，而复数域是完备的。其次，从几何上看，$a+b\sqrt{3}$ 是特殊的平行向量之间的叠加与伸缩，并无实际背景，复数则有着重要的几何与物理背景，它是平面内不同向量之间的伸缩、合成与旋转。正是复数的这一几何特征才使得复数变得重要从而发展成为数学的重要组成部分并对数学与自然科学产生了深刻的影响。

（2）教材给出了复数的代数形式 $a+bi$，企图类比于数系的扩充由实数概念过渡到复数概念，如果要做这种类比，就需要对实数的四则运算进行再认识，换言之，"实数加实数"在几何上意味着什么？"实数乘实数"又意味着什么？没有对实数运算认识上的提升，学生便难以理解实数运算与复数运算之间的内在关系。实数的运算也可以对应到几何，即向量的叠加、伸缩与反向旋转（如图 2.1(a)，$1\times(-1)=-1$ 和 $-1\times(-1)=1$）。在此基础上再过渡到任意向量的伸缩、合成与旋转（如图 2.1(b)），这样学生对实数运算与复数运算的本质关系自然就清楚了。

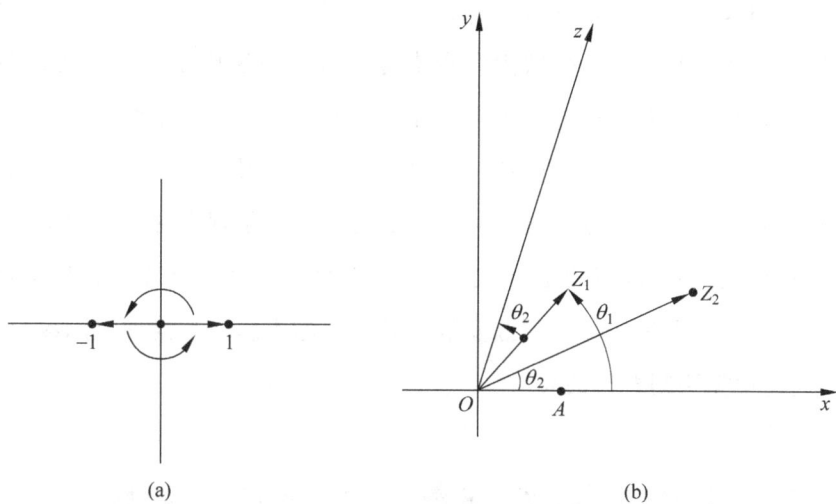

图 2.1

（3）形式化的运算在现代数学中的确司空见惯，但复数四则运算的重要价值不仅仅体现在其形式化的代数结构，更重要的是其现实的背景，正是为了处理实际问题的方便才出现了形式化的运算，也就是说，复数的形式化运算是为实际问题服务的。抽象的代数结构并非空中楼阁，具体到实际的例子，其代数结构均有着特定的内涵。从形式化的代数运算到具体的例子通常都需要解释清楚特定例子中运算的特定内涵，即使在抽象代数中也是如此。离开了实际背景，任何例子都会因空洞而显得苍白无力，难以构成理论的支撑。

教材通过复数的代数形式，直接规定了复数的乘除法法则：

$$(a+b\mathrm{i})(c+d\mathrm{i})=ac-bd+(bc+ad)\mathrm{i},$$

$$(a+b\mathrm{i})\div(c+d\mathrm{i})=\frac{ac+bd}{c^2+d^2}+\frac{bc-ad}{c^2+d^2}\mathrm{i}。$$

为什么要这样定义乘除法？为什么不可以按下列方式定义复数的乘除法？

$$(a+b\mathrm{i})(c+d\mathrm{i})=ac+bd\mathrm{i},$$

$$\frac{a+b\mathrm{i}}{c+d\mathrm{i}}=\frac{a}{c}+\frac{b}{d}\mathrm{i}。$$

这样不是显得更简洁？事实上，数学上矩阵的 Hadamard 积就是采用类似方式定义的,向量也可以看成特殊的矩阵。如果学生向教师提出这样的问题,教师该如何回答? 一个缺少背景支撑的概念或法则是经不住推敲的。正是平面力学及运动的研究促使人们试图像实数用于研究直线运动那样对平面内的向量(或平面内的点)引入代数运算,使得这些运算对应到相应的变换,从而为在代数方程求根时出现的复数找到了现实的依据并推动了复数理论的发展。可惜的是,复数这一重要背景并没有出现在教材中,没有背景的支撑,学生凭什么掌握复数及其运算的本质? 如何理解隐藏在一堆形式化运算法则背后的思想?

2.2 复数教学案例设计

2.2.1 复数教学策略

本着尊重历史以及本原性问题驱动课堂教学的原则,复数教学不宜直接以 $x^2+1=0$ 没有实数根从而需要引入新数作为出发点,除非已经知道这个方程是有意义的。课堂上试图引导学生推导一元三次方程的求根公式既超出了教学大纲的要求也超出了学生的能力,复数的教学时数毕竟是有限的,一元三次方程求根公式的详细推导至少要占用一节课的时间,不仅冲淡了主题,更无此必要。但一元三次方程可以作为虚数的切入点,卡尔达诺公式有必要作简单介绍,因为虚数的首次出现正是源于这个公式,详细推导可以作为课外材料提供给有兴趣的学生参考。课堂上可以通过特殊的三次方程 $x^3=15x+4$ 有 3 个实根,然而用卡尔达诺的求根公式求解时却出现了负数的平方根,于是出现了矛盾。正是这个矛盾的出现令数学家们对负数的平方根产生了兴趣,此后的 200 多年中,虽然大家偶尔会用负数的平方根参与形式演算,而且不会导致任何矛盾,可是谁也不认为这个数是有意义的。此处可以引用莱布尼茨的话作为当时数学家们对负数平方根的典型看法。负数平方根的出现是数学上的偶然还是现实中的确存在与之对应的实实在在的对象？课堂可以围绕着对这个问题的探讨展开。

现行教材中虽然仅仅介绍复数的代数表示,但限于代数表示会带来几个方面的问题:(1)由于缺少几何直观,学生无法理解为什么要研究诸如 $x^2+1=0$ 的方程,因为现实中找不到它的原型;(2)学生无法理解复数的乘法运算与除法运算,因为复数的加法运算等于实部与实部相加,虚部与虚部相加,这与向量的加法运算以及物理上力的合成是相容的,为什么乘法运算不是实部与实部相乘、虚部与虚部相乘？定义复数的乘法与除法能带来什么好处？没有几何直观,学生对这些问题将一头雾水。本着尊重历史与知其所以然的原则,课堂上有必要引入复数的三角表示以及指数表示,并从几何的角度解释复数的四则运算。欧拉公式作为数学史上著名的十个重要公式之一,也应该有所介绍,这个公式对数学的影响是深远的,而且有了复数的三角表示与指数表示,此前又学习了微积分,公式的引入与证明并不是件太困难的事。

2.2.2 "数系的扩充和复数的概念"教学案例设计

案例 1 虚数的引入

教学目的:

(1) 了解虚数的背景;

(2) 从旋转的视角重新认识实数的乘法

$$1\times(-1)=-1 \text{ 与 } (-1)\times(-1)=1;$$

(3) 明确虚数单位 i 的几何意义。

教学重点:虚数概念及其背景,虚数与旋转变换的关系。

教学难点:虚数的几何与物理意义。

教学过程:

一、问题引入

问题 1 回顾一下一元二次方程的求根公式,方程 $x^2+1=0$ 有解吗？

这个方程有意义吗?

通过这个问题的分析,帮助学生了解通常的代数方程求根都是限定在实数范围内,如果在实数范围内无解,则认为这个方程是没有意义的。

问题 2 试求方程 $x^3 = 15x + 4$ 的解?

学生并不难发现这个方程的一个实根 $x = 4$,将方程写成 $x^3 - 15x - 4 = 0$ 并分离出因子 $x - 4$,不难求出这个方程的 3 个实根。

问题 3 一般的三次方程 $x^3 + ax^2 + bx + c = 0$ 有类似一元二次方程的求根公式吗?

指望学生回答这个问题是不现实的,教师可以分两步向学生介绍:(1)如何简化上述方程? 也就是卡尔达诺求根公式中出现的方程 $x^3 = px + q$;(2)引入卡尔达诺公式,不必推导

$$x = \sqrt[3]{\frac{q}{2} + \sqrt{\left(\frac{q}{2}\right)^2 - \left(\frac{p}{3}\right)^3}} + \sqrt[3]{\frac{q}{2} - \sqrt{\left(\frac{q}{2}\right)^2 - \left(\frac{p}{3}\right)^3}}。$$

问题 4 试用上述公式求解方程 $x^3 = 15x + 4$,你发现了什么?

将 $p = 15, q = 4$ 代入上式不难发现

$$x = \sqrt[3]{2 + \sqrt{-121}} + \sqrt[3]{2 - \sqrt{-121}}。$$

此处出现了负数的平方根! 但如前所述,这个方程是有 3 个实数根的,这是为什么? 是卡尔达诺公式错了吗? 由此再现历史上令数学家们困惑的"怪物"——负数的平方根。这里不妨简单介绍一下自从负数的平方根出现后,为什么长达 200 多年的时间内,复数一直没有引起大家的重视,从而让学生意识到,数学概念不是建立在空中楼阁之上的,再抽象的概念也必定有其产生的背景。负数的平方根之所以一直得不到人们的认同,但大家又没有像对待方程 $x^2 + 1 = 0$ 那样断然否认它的价值,正是因为出现了上面的矛盾。这个数真的像前人所说的是个虚无缥缈的怪物吗?

二、新课教学

问题 5 回顾一下如何用直线上的点表示实数? 两个实数作四则运算在几何上意味着什么? 一个正数与一个负数相乘呢?

通过数与形的结合让学生重新认识实
数的四则运算,为复数运算的几何解释铺
平道路。可以参考图 2.2:

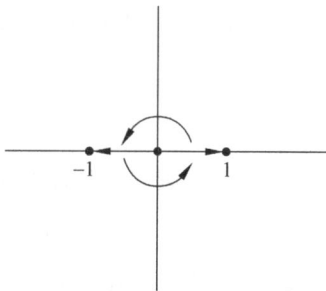

（1）$1\times(-1)=-1$ 意味着什么?

（2）$(-1)\times(-1)=1$ 又意味着什么?

问题 6　在直角坐标系中如何用坐标
表示向量? 试将它与物理上力的分解做一
下比较,两者之间是什么关系?

图　2.2

可以创设一个与水平面成一定角度 α 的力作用在水平面内物体上的
物理情境,将力的分解与向量的坐标表示作一番比较,为复数的引入做好
铺垫。

问题 7　如果将平面内与 x 轴成 α 夹角的单位向量逆时针方向旋转 β
角,旋转后的向量坐标是什么?

学生对这个问题的理解应该没有本质的困难,直接通过几何直观就可
以写出原来的单位向量坐标表示为$(\cos\alpha,\sin\alpha)$,旋转后的向量坐标表示
为$(\cos(\alpha+\beta),\sin(\alpha+\beta))$,实际上利用坐标旋转变换可知

$$(\cos(\alpha+\beta),\sin(\alpha+\beta))=(\cos\alpha,\sin\alpha)\begin{pmatrix} \cos\beta & \sin\beta \\ -\sin\beta & \cos\beta \end{pmatrix},$$

或者写成

$$\begin{pmatrix} \cos(\alpha+\beta) \\ \sin(\alpha+\beta) \end{pmatrix}=\begin{pmatrix} \cos\beta & -\sin\beta \\ \sin\beta & \cos\beta \end{pmatrix}\begin{pmatrix} \cos\alpha \\ \sin\alpha \end{pmatrix}。$$

这就是坐标旋转公式,显然,用坐标旋转公式来表示平面内向量的旋转或
一个质点绕圆周的旋转会比较复杂,尤其是研究若干次旋转的叠加时将涉
及矩阵的运算,远不像直线运动用实数的四则运算那样方便。而且中学并
不介绍坐标旋转与矩阵,所以不宜在课堂上介绍上述旋转变换矩阵,但教
师应该清楚其中的关系。回顾一下力的分解以及向量的基本定理,向量还
可以怎么表示? 如果记 x 轴上过原点的单位向量为 $\vec{1}$,y 轴上过原点的单
位向量为 $\vec{i}$,平面内与 x 轴夹角为 α 的单位向量 $\vec{a}$ 的坐标为$(\cos\alpha,\sin\alpha)$,

由向量基本定理,如何用 $\vec{1}$ 与 $\vec{i}$ 表示 $\vec{\alpha}$? 学过向量基本定理的学生自然知道

$$\vec{\alpha} = \cos\alpha\vec{1} + \sin\alpha\vec{i}.$$

向量 $\vec{\alpha}$ 逆时针旋转 β 角之后的向量为

$$\vec{\alpha}' = \cos(\alpha+\beta)\vec{1} + \sin(\alpha+\beta)\vec{i}.$$

用两角和公式将上式展开得

$$\vec{\alpha}' = (\cos\alpha\cos\beta - \sin\alpha\sin\beta)\vec{1} + (\sin\alpha\cos\beta + \cos\alpha\sin\beta)\vec{i}.$$

从向量变换的角度看,$\vec{\alpha}'$ 是 $\vec{\alpha}$ 逆时针方向旋转 β 角得到的,但从上式可以看出,$\vec{\alpha}'$ 与两个向量 $\vec{\alpha} = \cos\alpha\vec{1} + \sin\alpha\vec{i}$,$\vec{\beta} = \cos\beta\vec{1} + \sin\beta\vec{i}$ 有关,我们可以定义两个向量的乘积运算为

$$\vec{\alpha} \circ \vec{\beta} = \vec{\alpha}' = (\cos\alpha\cos\beta - \sin\alpha\sin\beta)\vec{1} + (\sin\alpha\cos\beta + \cos\alpha\sin\beta)\vec{i}.$$

它的几何意义即将 $\vec{\alpha}$ 逆时针旋转 β 角。

问题 8 两个坐标轴上的方向向量 $\vec{1}$ 与 $\vec{i}$ 经过问题 7 中定义的两个向量的乘积运算将变成什么? 它们的几何直观是什么?

形式化的演算并不难理解,学生甚至可以自己完成下列等式的检验

$$\vec{1} \circ \vec{1} = \vec{1}, \quad \vec{1} \circ \vec{i} = \vec{i} \circ \vec{1} = \vec{i}, \quad \vec{i} \circ \vec{i} = -\vec{1}.$$

上述运算的几何直观正是前面所说的旋转变换。如果再次回到向量的坐标表示则有 $\vec{1} = (1,0)$,$\vec{i} = (0,1)$,可以看出,对任意实数 x,$x\vec{1} = (x,0)$ 仍然是 x 轴上的向量,$x\vec{i} = (0,x)$ 仍然是 y 轴上的向量,也就是说,对坐标轴上的方向向量作伸缩变换仍然是对应坐标轴上的向量。因此,可以将 $\vec{1}$ 等同于 1,$\vec{i}$ 记为 i,称为虚数单位,按照上面的运算,有 $i^2 = -1$,通常将 x 轴称为实轴,y 轴称为虚轴,向量 $\vec{\alpha} = \cos\alpha\vec{1} + \sin\alpha\vec{i}$ 可以写成 $\vec{\alpha} = \cos\alpha + i\sin\alpha$ 或 $\vec{\alpha} = \cos\alpha + \sin\alpha i$,并称其为复数,由实轴与虚轴构成的平面称为复平面。

三、课堂小结

(1) 向量的几种表示方法,归纳出坐标表示法与线性表示法。

(2) 由向量的旋转变换引入两个向量的运算,进而引入虚数单位。

四、课后思考

思考题 1 如何用复数表示平面内的一般向量(即非单位向量)?

思考题 2　如何用复数表示物理上两个不同方向力的合成？

◀ **案例 2**　**复数的运算**

教学目的：掌握复数的四则运算法则并了解其几何意义。

教学重点：复数的四则运算及几何意义。

教学难点：复数运算的几何意义。

教学过程：

一、问题引入

问题 1　根据上一节课的思考题说明如何利用虚数单位表示平面内的一般向量，写出两个向量的合成与复数运算的关系。

通过这个问题让学生自己归纳出复数的代数表示以及向量的线性运算（数乘与加法）与复数运算之间的关系，有了上一节课的分析，学生通过向量的不同表示以及向量的加法与数乘运算不难定义复数与实数的乘法（向量数乘）及复数的加法运算，即对任意实数 r 及 $z_1 = x_1 + iy_1$，$z_2 = x_2 + iy_2$，有（如图 2.3）

$$r(x_1 + iy_1) = rx_1 + iry_1,$$

$$(x_1 + iy_1) + (x_2 + iy_2) = (x_1 + x_2) + (y_1 + y_2)i.$$

如果用 $\mathrm{Re}(z)$ 与 $\mathrm{Im}(z)$ 分别表示 z 的实部与虚部，则可建立如下的复平面坐标系（如图 2.3）。

二、新课教学

问题 2　如果 $a + bi = c + di$，那么左右两边复数的实部与虚部有什么关系？

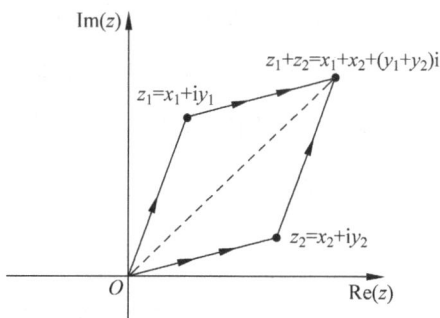

由向量与复数的对应关系不

图　2.3

难看出 $a = c$，$b = d$，即两个复数相等当且仅当它们的实部与虚部分别相等。

问题 3　实数与复数是什么关系？如何在复平面内将实数表示出来？如果将复数进行分类的话，可以分成几类？几种分类的几何意义是什么?

有了前期的准备,前两个问题的回答对学生而言不是难事,通过实数与复数的关系学生可以猜出还有一类数,那就是虚轴上的点对应的数(向量),虚轴上的数通常称为虚数,而复数正是由实数与虚数组合而成的。教材中将复数也称为虚数,而将 bi 称为纯虚数,是否需要划分得如此细致并不重要,教师视情况而定。从向量的角度看,实数对应到平行于实轴的向量,虚数对应到平行于虚轴的向量。

问题 4　尝试按照通常实数的运算法则对两个单位向量 $\vec{\alpha} = \cos\alpha + i\sin\alpha$ 与 $\vec{\beta} = \cos\beta + i\sin\beta$ 作形式运算,看能得到什么?

作形式运算有

$$\vec{\alpha} \circ \vec{\beta} = (\cos\alpha + i\sin\alpha) \circ (\cos\beta + i\sin\beta)$$

$$= \cos\alpha\cos\beta + i^2\sin\alpha\sin\beta + i\sin\alpha\cos\beta + i\cos\alpha\sin\beta$$

$$= (\cos\alpha\cos\beta - \sin\alpha\sin\beta) + (\sin\alpha\cos\beta + \cos\alpha\sin\beta)i$$

$$= \cos(\alpha + \beta) + \sin(\alpha + \beta)i.$$

可以看出,它恰好是前面所说的旋转变换。

问题 5　如果向量 $\vec{\alpha} = a + bi, \vec{\beta} = c + di$,那么如何计算它们的长度以及与实轴的夹角? 如何定义 $\vec{\alpha} \circ \vec{\beta}$? 如何用 a, b, c, d 表示 $\vec{\alpha} \circ \vec{\beta}$?

这里不妨假设 a, b, c, d 都是非负数以避免在角度上不必要的纠缠,假设向量 $\vec{\alpha}$ 与实轴的夹角为 α,$\vec{\beta}$ 与实轴的夹角为 β,学生不难算出

$$|\vec{\alpha}| = \sqrt{a^2 + b^2}, \quad a = |\vec{\alpha}|\cos\alpha, \quad b = |\vec{\alpha}|\sin\alpha,$$

$$|\vec{\beta}| = \sqrt{c^2 + d^2}, \quad c = |\vec{\beta}|\cos\beta, \quad d = |\vec{\beta}|\sin\beta.$$

通常将 $|\vec{\alpha}|$ 称为复数 $\vec{\alpha}$ 的模(向量的长度),与实轴的夹角 α 称为复数的辐角。于是

$$\vec{\alpha} = a + bi = |\vec{\alpha}|\cos\alpha + |\vec{\alpha}|i\sin\alpha = |\vec{\alpha}|(\cos\alpha + i\sin\alpha),$$

$$\vec{\beta} = c + di = |\vec{\beta}|\cos\beta + |\vec{\beta}|i\sin\beta = |\vec{\beta}|(\cos\beta + i\sin\beta).$$

用模与辐角表示复数称为复数的三角表示。根据前面对单位向量的计算,启发我们按如下方式定义乘积

$$\vec{\alpha} \circ \vec{\beta} = (ac - bd) + (ad + bc)\mathrm{i}\text{。}$$

为简便计,通常将 $\vec{\alpha} = a + b\mathrm{i}$ 记为 $\alpha = a + b\mathrm{i}$ 并将它称为复数,其中 a 称为 α 的实部,b 称为 α 的虚部,也记作 $a = \mathrm{Re}\alpha$,$b = \mathrm{Im}\alpha$;将 $\vec{\alpha} \circ \vec{\beta}$ 简记为 $\alpha \cdot \beta$ 或 $\alpha\beta$,称为复数 α 与 β 的乘积。由于通常用 α,β 等表示向量与实轴的夹角,所以为避免混淆,一般用 z 表示复数 $z = a + b\mathrm{i}$,如果涉及多个复数,则用 z_1,z_2 或 z,w 等符号表示。

应该让学生明白,复数实际上是一个二元数组,对这个二元数组定义了上述乘法后就可以像实数那样对二元数组进行运算了,这种运算是有很强的几何与物理背景的,它等于对向量进行了伸缩与旋转变换(如图 2.4)。

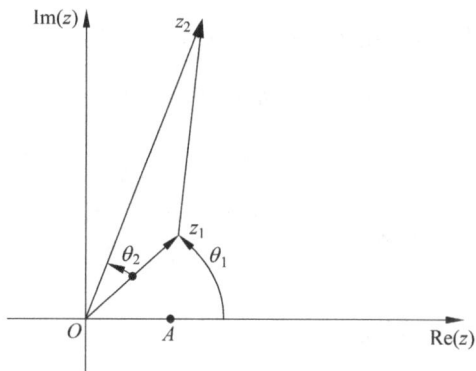

图 2.4

问题 6 如果 $z = a + b\mathrm{i}$,能不能用复数的运算表示 z 的模?

假设 $z_1 = a_1 + \mathrm{i}b_1$,$z_2 = a_2 + \mathrm{i}b_2$,则 $z_1 \cdot z_2 = (a_1 a_2 - b_1 b_2) + (a_1 b_2 + a_2 b_1)\mathrm{i}$。要使得 $|z_1|^2 = z_1 \cdot z_2 = a_1^2 + b_1^2$,只需令 $a_2 = a_1$,$b_2 = -b_1$ 便可,即 $z_2 = a_1 - \mathrm{i}b_1$(如图 2.5),称 $z_2 = a_1 - \mathrm{i}b_1$ 为 $z_1 = a_1 + \mathrm{i}b_1$ 的共轭复数,记作

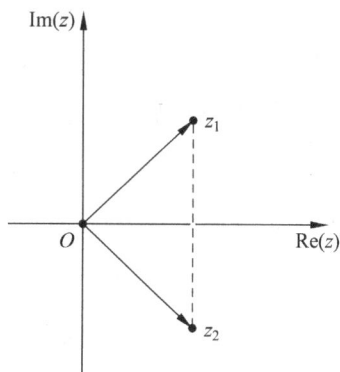

$$\bar{z}_1 = a_1 - \mathrm{i}b_1\text{,}$$

于是有

$$|z_1|^2 = z_1 \cdot \bar{z}_1 = a_1^2 + b_1^2\text{。}$$

图 2.5

问题 7 能不能对复数做除法运算？应该如何定义？其几何直观是什么？

有两种方案分析这个问题，一种方案是重复前面乘法的过程，但向量逆时针旋转改成顺时针旋转，另一种方案是类似教材，利用乘法定义除法。两种方案均从单位向量开始，单位向量搞清楚了，一般向量很容易推广。不妨设

$$z = \cos\alpha + i\sin\alpha, \quad w = \cos\beta + i\sin\beta,$$

我们需要定义 $\frac{z}{w}$。由于 $i^2 = -1$，利用平方差公式可知

$$1 = |w|^2 = (\cos\beta)^2 + (\sin\beta)^2$$
$$= (\cos\beta)^2 - (i\sin\beta)^2$$
$$= (\cos\beta + i\sin\beta)(\cos\beta - i\sin\beta)。$$

形式上应该有

$$\frac{1}{\cos\beta + i\sin\beta} = \cos\beta - i\sin\beta。$$

因此定义

$$\frac{z}{w} = \frac{\cos\alpha + i\sin\alpha}{\cos\beta + i\sin\beta}$$
$$= (\cos\alpha + i\sin\alpha)(\cos\beta - i\sin\beta)$$
$$= (\cos\alpha\cos\beta + \sin\alpha\sin\beta) + (\sin\alpha\cos\beta - \cos\alpha\sin\beta)i$$
$$= \cos(\alpha - \beta) + i\sin(\alpha - \beta)。$$

由此可以看出，复数 z 除以 w 相当于将 z 对应的向量顺时针旋转 β 角，其中 β 是复数 w 的辐角。

如果是两个一般的复数 $z = a + bi, w = c + di$，如何定义它的除法才是合理的？类似前面的计算，

$$|w|^2 = c^2 + d^2 = c^2 - (di)^2 = (c + di)(c - di),$$

可见定义 $\frac{1}{w}$ 的比较合理的方法是

$$\frac{1}{w} = \frac{c - di}{|w|^2} = \frac{c - di}{c^2 + d^2},$$

于是定义

$$\frac{z}{w} = \frac{(a+bi)(c-di)}{|w|^2}$$

$$= \frac{(ac+bd)+(bc-ad)i}{c^2+d^2}$$

$$= \frac{ac+bd}{c^2+d^2} + \frac{(bc-ad)}{c^2+d^2}i。$$

这样的运算记起来比较繁琐,除非学生学会了形式推导,否则很容易遗忘。但如果用三角表示,则简单直观许多,便于学生理解,也容易记忆。记

$$z = |z|(\cos\alpha + i\sin\alpha), \quad w = |w|(\cos\beta + i\sin\beta),$$

则

$$\frac{z}{w} = \frac{|z|}{|w|}[\cos(\alpha-\beta) + i\sin(\alpha-\beta)]。$$

与复数的乘法一样,用三角形式表示复数的除法要简单直观得多,从这个表示可以看出,用复数 z 除以复数 w 几何上可以看成将 z 对应的向量顺时针方向旋转 β 角,长度拉伸(或收缩)$\frac{1}{|w|}$ 倍。有必要向学生说明,用何种形式表示复数需要根据需要而定。如果复数本身是以代数形式出现的,除非比较容易转换成三角形式,否则直接用代数形式的乘除法定义进行计算比转换成三角形式要简单很多,因为转换过程可能是比较复杂的。

三、课堂小结

(1)复数的两种表示方法。

(2)复数两种表示下的四则运算及其几何意义。

四、课堂练习

略。

案例 3 **复数的指数表示与欧拉公式**

教学目的:了解复数的指数表示及与三角表示的关系(欧拉公式),会简单的应用。

教学重点:复数的指数表示。

教学难点：欧拉公式。

教学过程：

一、问题引入

问题 1　欧拉在研究微分方程 $\dfrac{d^2 y}{dx^2}+y=0$（$y(0)=2$，$y'(0)=0$）时利用复数找到了这个方程几种不同形式的解，你能找出这些解吗？

由于 $\sin x$ 与 $\cos x$ 求两次导数后分别变成了 $-\sin x$ 与 $-\cos x$，指数函数求任意次导数还是指数函数，所以经过教师的提示，学生应该不难找出余弦解 $y=2\cos x$。指数函数解相对困难一点，关键是学生对带有复数的指数函数还不熟悉，这里不妨启发学生像欧拉那样做形式演算，事实上，欧拉在得到欧拉公式时并不清楚这个公式的几何意义，他甚至认为复数是没有意义的。假设指数形式的解为 $e^{\lambda x}$，其中 λ 是常数，根据求导法则，有 $(e^{\lambda x})'=\lambda e^{\lambda x}$，$(e^{\lambda x})''=\lambda^2 e^{\lambda x}$，代入方程得 $(\lambda^2+1)e^{\lambda x}=0$，故有 $\lambda=\pm\sqrt{-1}$，由初始条件可以得到方程的另一种形式的解为 $y=e^{ix}+e^{-ix}$。

二、新课教学

问题 2　由上述方程不同形式的解，欧拉意识到这些函数之间一定有某种内在的关系，你能猜出这个关系吗？

首先想到的一个关系自然是

$$2\cos x=e^{ix}+e^{-ix},$$

方程两边求一次导数得

$$-2\sin x=ie^{ix}-ie^{-ix},$$

两边同时除以 i 得

$$2i\sin x=e^{ix}-e^{-ix}。$$

此式与前一式相加便可得著名的欧拉公式（如图 2.6）：

$$e^{ix}=\cos x+i\sin x。$$

上述运算都是基于直观猜测，终究难以让人信服，所以还需要证明。

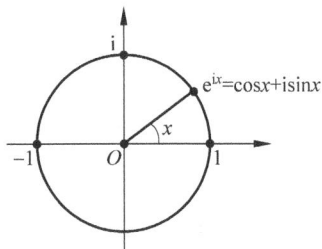

图　2.6

问题 3 你能证明欧拉公式吗？

证明欧拉公式有很多种方法，常见的方法是利用正弦函数、余弦函数及指数函数的幂级数展开，还有一种方法是利用导数。前者已经超出了中学生可以理解的范围，毕竟函数的幂级数展开需要很多准备知识，利用导数证明欧拉公式应该是学生可以理解的方法。

证明两个函数相等无非是将两个函数作差或商运算，看前者是不是 0 或后者是不是 1。

令

$$f(x) = \frac{\cos x + i\sin x}{e^{ix}},$$

求导得

$$f'(x) = \frac{(\cos x + i\sin x)'e^{ix} - (e^{ix})'(\cos x + i\sin x)}{e^{i2x}}$$

$$= \frac{-\sin x + i\cos x - (\cos x + i\sin x)i}{e^{ix}} = 0。$$

这说明 $f(x)$ 是常数，由 $f(0)=1$ 可知 $f(x)=1$，故有

$$e^{ix} = \cos x + i\sin x。$$

问题 4 复数 e^{ix} 的模是多少？根据欧拉公式，你觉得还可以用什么方法表示复数？请用此方法写出复数的四则运算法则。

通过这个问题让学生了解复数不仅有代数表示、三角表示，还有指数表示，而且用指数表示进行四则运算更简洁易记。

假设 z 是任意复数，其实部与虚部分别记为 $a=\text{Re}(z), b=\text{Im}(z)$，模记为 $r=|z|$，辐角记为 $\theta=\arg z$，则

$$z = a + bi$$
$$= r(\cos\theta + i\sin\theta)$$
$$= re^{i\theta}。$$

如果

$$z_1 = a_1 + ib_1 = r_1(\cos\theta_1 + i\sin\theta_1) = r_1 e^{i\theta_1},$$

$$z_2 = a_2 + ib_2 = r_2(\cos\theta_2 + i\sin\theta_2) = r_2 e^{i\theta_2},$$

则

$$z_1 \pm z_2 = (a_1 \pm a_2) + (b_1 \pm b_2)i$$
$$= (r_1\cos\theta_1 \pm r_2\cos\theta_2) + (r_1\sin\theta_1 \pm r_2\sin\theta_2)i$$
$$= r_1 e^{i\theta_1} \pm r_2 e^{i\theta_2};$$

$$z_1 \cdot z_2 = (a_1 \cdot a_2 - b_1 \cdot b_2) + (a_1 \cdot b_2 + a_2 \cdot b_1)i$$
$$= r_1 \cdot r_2[\cos(\theta_1 + \theta_2) + i\sin(\theta_1 + \theta_2)]$$
$$= r_1 \cdot r_2 e^{i(\theta_1 + \theta_2)};$$

$$\frac{z_1}{z_2} = \frac{(a_1 \cdot a_2 + b_1 \cdot b_2) + (a_2 \cdot b_1 - a_1 \cdot b_2)i}{a_2^2 + b_2^2}$$

$$= \frac{r_1}{r_2}[\cos(\theta_1 - \theta_2) + i\sin(\theta_1 - \theta_2)]$$

$$= \frac{r_1}{r_2} e^{i(\theta_1 - \theta_2)}.$$

问题 5 试着比较一下复数几种不同表示方法的优劣。

显然,线性运算用代数表示方法比较简洁,也比较容易看出其几何意义,乘法与除法运算用三角表示或指数表示方法则更为简洁,而且几何直观比较清楚。

问题 6 能否举例说明用复数的何种表示方法进行四则运算比较简便?

这个问题由学生独立回答可能有些困难,一般情况下,比较自然的方法是问题中用什么方法表示复数就用什么方法进行四则运算,但有时候需要将代数形式转换成指数形式更容易看出其几何意义,从而方便计算。

当韦塞尔于 1797 年向丹麦科学院递交论文《方向的解析表示,特别应用于平面与球面多边形的测定》时,欧拉已经去世,欧拉凭借着敏锐的洞察力通过复数的形式演算在指数函数与三角函数之间架设了一座桥梁。欧拉公式号称数学史上十大著名公式之一,不仅因为它十分优美,巧妙地将指数函数与三角函数以及几个著名的数字联系在一起,更重要的是这一公式对数学产生了深远的影响,复变函数、傅里叶分析的发展都离不开欧拉公式。

如果令 $x=\pi$,则有

$$e^{i\pi}=-1,$$

移项得

$$e^{i\pi}+1=0。$$

这个公式建立了自然数 e,圆周率 π 以及 0 和 1 之间的关系,后世多把这个公式称为欧拉公式。

三、课堂小结

(1)复数的几种表示:代数表示,三角表示,指数表示。

(2)复数的模、辐角。

(3)欧拉公式。

(4)复数指数表示下的四则运算及其几何意义。

四、课后思考

(1)设复数 z 满足 $(1+i)z=2i$,求 $|z|$。

(2)复数 z_1,z_2 满足 $|z_1|=2,|z_2|=3,|z_1+z_2|=4$,试计算 $\dfrac{z_1}{z_2}$。

第一题是常规题,第二题稍微有些难度,它是中国科大的一道自主招生试题。如果知道复数的几何意义,计算则简洁一些。由 $|z_1|=2,|z_2|=3,|z_1+z_2|=4$ 可知

$$z_1\bar{z}_1=4,\quad z_2\bar{z}_2=9,\quad (z_1+z_2)(\bar{z}_1+\bar{z}_2)=16。$$

注意到

$$z_1\bar{z}_2+z_2\bar{z}_1=16-9-4=3,$$

进而

$$z_2\bar{z}_2\left(\frac{z_1}{z_2}+\frac{\bar{z}_1}{\bar{z}_2}\right)=3,$$

因此

$$\frac{z_1}{z_2} + \frac{\overline{z}_1}{\overline{z}_2} = \frac{1}{3},$$

这说明

$$\mathrm{Re}\,\frac{z_1}{z_2} = \frac{1}{6}.$$

由平行四边形法则知

$$|z_1 + z_2|^2 + |z_1 - z_2|^2 = 2(|z_1|^2 + |z_2|^2),$$

故

$$|z_1 - z_2|^2 = 2(|z_1|^2 + |z_2|^2) - |z_1 + z_2|^2 = 2(4+9) - 16 = 10,$$

$$|z_1 - z_2| = \sqrt{10}.$$

由

$$|z_1 + z_2| \cdot |z_1 - z_2| = 4\sqrt{10},$$

得

$$||z_1|^2 - |z_2|^2 + (z_2\overline{z}_1 - z_1\overline{z}_2)| = 4\sqrt{10}.$$

注意到

$$||z_1|^2 - |z_2|^2 + (z_2\overline{z}_1 - z_1\overline{z}_2)| = \left|4 - 9 + 9\left(\frac{\overline{z}_1}{\overline{z}_2} - \frac{z_1}{z_2}\right)\right| = 4\sqrt{10},$$

我们看到

$$\left|-18\mathrm{Im}\left(\frac{z_1}{z_2}\right)\mathrm{i} - 5\right| = 4\sqrt{10}.$$

由上式得

$$\left[18\mathrm{Im}\left(\frac{z_1}{z_2}\right)\right]^2 + 5^2 = 160,$$

即

$$\mathrm{Im}\left(\frac{z_1}{z_2}\right) = \pm\frac{\sqrt{15}}{6},$$

从而

$$\frac{z_1}{z_2} = \frac{1}{6} \pm \frac{\sqrt{15}}{6}\mathrm{i}.$$

由于中学教材仅限于复数的代数表示,学生即使能正确计算出答案,估计也是使用代数表示法计算的可能性比较大,教师不妨引导学生利用复数的几何意义再计算一遍,有助于学生对复数各种表示的理解以及灵活运用。

◀ **案例4** **复习课**

教学目的:通过复习使学生深入理解复数概念及其几何意义,了解复数四则运算的几何意义,能灵活运用复数的不同表示方法解决问题。

教学重点:复数不同表示方法的相互转换,复数的四则运算。

教学难点:复数及其四则运算的几何意义。

教学过程:

一、问题引入

>>> **例 1** 实数 m 取什么值时,复数 $z = m + 1 + (m-1)i$ 是

(1)实数?(2)虚数?(3)纯虚数?

类似的例子也许在复数的代数表示介绍完后就会出现,这里只是给一个参考。

>>> **例 2** 已知复数 $z = \dfrac{a^2 - 7a + 6}{a^2 - 1} + (a^2 - 5a - 6)i (a \in \mathbf{R})$,试求实数 a 分别取什么值时,z 分别为

(1)实数?(2)虚数?(3)纯虚数?

>>> **例 3** 在复平面内描出复数 $2+3i, 8-4i, 8+3i, 6, i, -2-9i, 7i, 0$ 分别对应的点,并计算这些复数的模。

>>> **例 4** 试将复数 $z = 1 + i$ 分别用三角形式与指数形式表示。

初学者可能不懂得先把复数的模计算出来,然后将模提取出来,将复数"单位化"(变成模为 1 的复数,即单位向量),再确定辐角

$$z = \sqrt{2}\left(\cos\frac{\pi}{4} + i\sin\frac{\pi}{4}\right) = \sqrt{2}\, e^{i\frac{\pi}{4}}。$$

>>> **例 5** 已知平面直角坐标系内 A 点的坐标为 $A(x, y)$,将 A 点逆时针方向旋转 $60°$ 角至 B 点,试求 B 点的坐标。如果将 A 点顺时针方向旋转

$30°$ 角至 C 点, C 点的坐标是多少?

学生如果理解了复数乘法的几何意义就不难想到用复数来计算。

用复数表示向量 $\overrightarrow{OA}, \overrightarrow{OB}, \overrightarrow{OC}$，即 $\overrightarrow{OA} = z = x + yi$，则

$$\overrightarrow{OB} = (\cos 60° + i\sin 60°)(x + yi)$$

$$= \left(\frac{1}{2} + \frac{\sqrt{3}}{2}i\right)(x + yi)$$

$$= \left(\frac{1}{2}x - \frac{\sqrt{3}}{2}y\right) + \left(\frac{\sqrt{3}}{2}x + \frac{1}{2}y\right)i,$$

故 B 点的坐标为 $\left(\frac{1}{2}x - \frac{\sqrt{3}}{2}y, \frac{\sqrt{3}}{2}x + \frac{1}{2}y\right)$。

同理

$$\overrightarrow{OC} = [\cos(-30°) + i\sin(-30°)](x + yi)$$

$$= \left(\frac{\sqrt{3}}{2} - \frac{1}{2}i\right)(x + yi)$$

$$= \left(\frac{\sqrt{3}}{2}x + \frac{1}{2}y\right) + \left(\frac{\sqrt{3}}{2}y - \frac{1}{2}x\right)i,$$

故 C 点的坐标为 $\left(\frac{\sqrt{3}}{2}x + \frac{1}{2}y, \frac{\sqrt{3}}{2}y - \frac{1}{2}x\right)$。

二、课堂练习

1. 实数 m 取什么数值时，复数 $z = m - 1 + (m + 1)i$ 是实数(　　)。

　　A. 0　　　　　　B. -1　　　　　C. -2　　　　　D. -3

2. 如果复数 $a + bi$ 与 $c + di$ 的和是纯虚数，则有(　　)。

　　A. $b + d = 0$ 且 $a + c \neq 0$　　　　　B. $b + d \neq 0$ 且 $a + c = 0$

　　C. $a + d = 0$ 且 $b + d \neq 0$　　　　　D. $b + c = 0$ 且 $b + d \neq 0$

3. 如果 $z = a^2 + a - 2 + (a^2 - 3a + 2)i$ 为实数，那么实数 a 的值为(　　)。

　　A. 1 或 -2　　B. -1 或 2　　　C. 1 或 2　　　　D. -1 或 -2

4. 若 $(x^2 - 1) + (x^2 + 3x + 2)i$ 是纯虚数，则实数 x 的值是＿＿＿＿＿＿。

5. 若 $(x + y) + (y - 1)i = (2x + 3y) + (2y + 1)i$，则实数 $x =$
＿＿＿＿＿; $y =$＿＿＿＿＿。

6. 求方程 $x^2-1-\sqrt{3}\,\mathrm{i}=0$ 的根。

前面的 5 道题都是常规题,但第 6 题需要学生将方程移项变成 $x^2=1+\sqrt{3}\,\mathrm{i}$,再将 $1+\sqrt{3}\,\mathrm{i}$ 表示成三角形式

$$1+\sqrt{3}\,\mathrm{i}=2\left(\cos\frac{\pi}{3}+\mathrm{i}\sin\frac{\pi}{3}\right),$$

并假设

$$x=r\left[\cos\theta+\mathrm{i}\sin\theta\right],$$

则由

$$x^2=r^2(\cos2\theta+\mathrm{i}\sin2\theta),$$

得

$$r^2(\cos2\theta+\mathrm{i}\sin2\theta)=2\left(\cos\frac{\pi}{3}+\mathrm{i}\sin\frac{\pi}{3}\right),$$

故

$$r=\sqrt{2}\,,\quad 2\theta=2k\pi+\frac{\pi}{3},$$

分别取 $k=0,1$ 得

$$\theta_1=\frac{\pi}{6},\quad k=0;$$

$$\theta_2=\pi+\frac{\pi}{6},\quad k=1。$$

由此可得方程的解为

$$x_1=\sqrt{2}\left(\cos\frac{\pi}{6}+\mathrm{i}\sin\frac{\pi}{6}\right)=\frac{\sqrt{6}}{2}+\frac{\sqrt{2}}{2}\mathrm{i},$$

$$x_2=-\sqrt{2}\left(\cos\frac{\pi}{6}+\mathrm{i}\sin\frac{\pi}{6}\right)=-\left(\frac{\sqrt{6}}{2}+\frac{\sqrt{2}}{2}\mathrm{i}\right)。$$

三、课后作业

1. 已知复数 $a+b\mathrm{i}$ 与 $3+(4-k)\mathrm{i}$ 相等,且 $a+b\mathrm{i}$ 的实部、虚部分别是方程 $x^2-4x-3=0$ 的两根,试求:a,b,k 的值。

2. 若 $(3x+2y)+(5x-y)\mathrm{i}=17-2\mathrm{i}$,求 x,y 的值。

3．已知 i 是虚数单位，复数 $z = m^2(1+i) - m(2+3i) - 4(2+i)$，当 m 取何实数时，z 是：

(1) 实数；(2) 虚数；(3) 纯虚数；(4) 零。

4．求适合下列方程的实数 x 与 y 的值：

(1) $(3x + 2y) + (5x - y)i = 17 - 2i$；　(2) $(x + y - 3) + (x - 4)i = 0$。

5．说出图 2.7 中复平面内各点所表示的复数（每个小正方格的边长为 1）。

6．在复平面内指出与复数 $z_1 = 1 + 2i$，$z_2 = \sqrt{2} + \sqrt{3}i$，$z_3 = \sqrt{3} - \sqrt{2}i$，$z_4 = -2 + i$ 对应的点 Z_1，Z_2，Z_3，Z_4。试判断这 4 个点是否在同一个圆上？并证明你的结论。

7．实数 m 取什么值时，复平面内表示复数 $z = (m^2 - 8m + 15) + (m^2 - 5m - 14)i$

图　2.7

的点：(1)位于第四象限？(2)位于第一、三象限？(3)位于直线 $y = x$ 上？

8．在复平面内，O 是原点，向量 $\overrightarrow{OA}$ 对应的复数是 $2 + i$。(1)如果点 A 关于实轴的对称点为点 B，求向量 $\overrightarrow{OB}$ 对应的复数；(2)如果(1)中点 B 关于虚轴的对称点为点 C，求点 C 对应的复数。

9．求复数 $z = \log_2 \sqrt{2} + 3i$ 的模。

10．计算：

(1) $(1 + 4i) \times (7 - 2i)$；

(2) $(7 - 2i) \times (1 + 4i)$；

(3) $[(3 - 2i) \times (-4 + 3i)] \times (5 + i)$；

(4) $(3 - 2i) \times [(-4 + 3i) \times (5 + i)]$。

11．$\dfrac{-2\sqrt{3} + i}{1 + 2\sqrt{3}i} + \left(\dfrac{\sqrt{2}}{1 - i}\right)^{1996}$。

12．计算：(1) $\dfrac{1 + i}{1 - i}$；(2) $\dfrac{1 - i}{1 + i}$；(3) $\dfrac{(-1 + i)(2 + i)}{-i}$。

13．求方程 $x^2 - 2i = 0$ 的根。

上述练习题可以根据需要酌情选用。

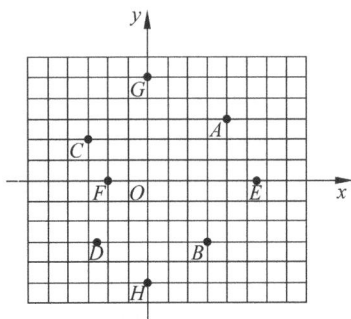

第3章 三角函数教学

3.1 三角函数教学策略

3.1.1 角度制与弧度制

1. 角度与弧度的由来

初中数学教材在介绍直角三角形锐角时会提到"锐角三角函数"的概念,我们知道,初中是不介绍弧度制的,这就自然带来两个问题:角度是不是实数? 函数的本质是什么? 要说清楚这些问题,首先要弄清楚历史上为什么会有角度制,为什么会有弧度制。

先说一说角度制,从一点出发作两条射线便形成一个角,如何度量角的大小? 角度制是个老古董,最早可以追溯到古巴比伦时代,为什么要将圆周 360 等分而不是其他等分? 应该缘于 360 中含有很多因子,使得很多特殊角的表示都能用特殊的整数来表示,例如 90°,60°,45°,30°等都是很常见的特殊角。此外,圆内正好容纳六个正三角形,所以将圆周作 360 等分比较合理。古埃及人还发明了一年 360 天的历法。六十进制是过去常用的进位制,直到今天,我们仍然在使用,例如 1 小时等于 60 分钟,1 分钟等于 60 秒等。角度制用的也是六十进制,与时间的计算方法一样,这或许是为了方便天文上的计算。

最早发明弧度制的人是公元前 90 年左右的古希腊天文学家与地质学家托勒密,但将其发扬光大的则是 18 世纪的天才欧拉,他在《无穷小分析概论》中提出三角函数是对应的三角函数线与圆半径的比值,这使得对三角函数的研究大大简化。正式提出弧度制概念是 19 世纪后半叶,在 1873 年 6 月 5 日贝尔法斯特女王学院的一次考试中,数学教师汤姆生创造性地使用了弧度(radian)一词,它是半径(radius)与角度(angle)合成起来的,国人将其翻译成"弧度",它是用圆弧的长与圆的半径之比来度量这段圆弧对应的圆心角的大小,从此弧度一词为数学界普遍接受。

2. 角度与弧度有没有单位

令很多人困惑的问题是,角度是不是数? 弧度是不是数? 我们不妨来简单分析一下角度是什么,弧度是什么。虽然角度与弧度度量的都是角的大小,但两者不仅有进制上的差别,还有隐含的度量单位上的差别。所谓角度是将圆的周长作 360 等分(与圆的周长是多少无关),每一等分对应的圆心角称为 1°角,角的大小固然与弧长的大小无关,因为不同半径的两个扇形是相似的,弧长与半径之比不会发生变化,但在不同半径的圆中 1°圆心角对应的弧长是不同的。这就好比我们在建立直角坐标系时,可以任取一段作为一个单位,在特定的进制下,可以将实数与数轴上的点做一一对应,但选取的一个单位的物理长度是多少? 这是不确定的,你可以根据需要选择任意物理长度的线段为一个单位,甚至横轴与纵轴的单位长度都可以不同。1°的角是什么? 只要给一个圆,你就不难知道答案,当然,你可以选择单位圆。但由于角度制与圆周的实际物理长度无关,你只要将圆周 360 等分就行了,每一等分都是一个单位,对应的圆心角为 1°。至于每个等分是 1cm 或 1mm 无关紧要,所以即使半径为 1,弧长与半径之比也不等于 1°,哪怕弧长与半径选择了相同的度量单位,1°对应的弧长也不是 1,而是 π/180,这是由角度制的定义决定的。

角度与弧度不仅没有物理上的量纲,也没有数学上的单位,事实上它是个比例常数,我们说 1 弧度的角是一种约定俗成的说法,弧度的单位 radian 是生造出来的。两个具有相同长度单位的量作商运算哪里来的单位? 角度虽然没有用弧长去比半径,但实际上也与半径无关,角度的度也是生造出来的。如果弧度是圆心角的单位,我们不妨把单位带进去算一算,假设圆的半径为 2cm,1 弧度圆心角对应的弧长怎么算? 单位是多少?
按照弧长计算公式,应该是 2 厘米乘以 1 弧度＝2 厘米弧度?"厘米弧度"
是什么单位? 听起来有些别扭。

　　或许你会问,为什么要用弧来度量角? 用圆的弦度量不是一样吗? 相
同长度的弦对应的圆心角也是一样的。如果有学生这么问,说明这个学生
真是绝顶聪明,具有数学天赋,因为正弦最早正是这么来的。我们只要想
一想正弦值有没有单位就不难明白我为什么说角度、弧度本没有单位了。
因为人为规定了,用的人多了,也便有了"单位"。

　　或许你又要问,弧度是弧长与半径之比,姑且可以认为没有单位,但
1 度角指的是圆周 360 等分之一的圆弧所对的圆心角,它没有与半径作比
啊? 它的确没有与半径作比,可不同半径的圆周作 360 等分,每个单位的
弧对应的圆心角有差别吗? 所有这些弧所对应的弧长与半径都是成比例
的,只是圆周与半径的大小不同罢了。

3. 弧度制的基本思想

　　弧度制的价值在于度量的统一,具体地说,用同一度量单位度量圆的
弧长与圆的半径,然后用弧长与半径的比度量该弧对应的圆心角,这样就
使得所有的单位统一了起来。而角度制则是将圆周做 360 等分,每一等分
对应的圆心角称为 1°,而我们度量半径通常使用的是十进制,这就等于把
不同的进制混在一起,使用起来自然会带来一些麻烦。

4. 角度制下的正弦能不能称为正弦函数

　　关于数的问题说起来也是比较复杂的,所谓数是度量客观事物的概
念,它抽去了所度量事物的所有物理属性,从自然数、有理数到无理数再到
虚数,经历了非常复杂的演变过程,非三言两语可以说清楚,这里不想
深究。

　　数是抽象的数学概念,但即使不带任何单位或量纲,由于进制的不同,
也会得到不同的集合,例如在十进制与二进制下,3 的表示方法是不一样
的,你用十进制是无法与计算机对话的,因为计算机只认二进制。数学上

默认的常用数集是十进制,如果把角的正弦称为正弦函数,等于把两个不同的单位搅和在一起,角度一旦发生变化,研究函数的变化就会带来一些麻烦。当然,只要你事先选择好进制,即使在不同的进制下,数集到数集的映射当然也可以称为函数,只不过其中蕴含着不同进制的转换关系。但如果你赋予某个量以单位,那就不是通常意义下的函数了。将直角三角形中的锐角"三角比"称为三角函数是不合适的,锐角三角比是一个静态概念,函数是一个动态概念,前者是描述常量间的数量关系,后者是描述变量间的数量关系。至于到了高中阶段,研究变化的角度时,能不能用角度表示三角函数?古人已经告诉我们了,用角度制会带来不必要的麻烦,正是为了简化三角函数的计算,托勒密与欧拉才发明了弧度制。虽然在研究任意角的三角比时可以用角度制,例如在计算任意角的三角函数值时也常用角度制,但在研究三角函数的变化规律时最好还是使用弧度制,否则会由于度量的不统一而遇到欧拉时代一样的麻烦。

3.1.2 三角函数教学策略

1. 三角函数从学术形态到教育形态的转化

透过现行的教材可以看出,高中三角函数部分存在诸多值得商榷之处。从任意角到弧度制再到任意角的三角函数,教材采用了三个没有任何逻辑关联的生活情境,将三个密切相关的概念割裂了开来。关于这个问题,我们在《问题驱动的中学数学课堂教学:理论与实践卷》中已经作过探讨,这里不再赘述。

客观地看,教材与课堂教学并未能将三角函数所蕴含的深刻思想与科学价值展现出来,学生只能机械记忆相关内容。这既不符合学生数学学习的心理特点,也违背了《普通高中数学课程标准(修订稿)》中倡导引导学生探究发现的教学理念(参见文献[6])。只有将三角函数的深刻思想与科学价值负载于数学课堂使之教育形态化,才能使学生对三角函数外显的知识与内蕴的思想融会贯通。

对于三角函数教育形态化,张奠宙先生给出如下建议(参见文献[7]):

> 三角函数的教学,从静态的正弦定理、余弦定理到动态的周期变化、潮水涨落、弹簧及波的振动以及在轴上均匀旋转的轮子边缘上荧光点的运动等现象,把代数式、三角形、单位圆、投影、波、周期等离散的领域联系在一起。正是三角函数使它们形成一个有机整体,同时它们也是三角函数在不同侧面的反映。因此对于三角函数的教学必须通过再创造来恢复学生火热的思考,使之返璞归真。让三角函数丰满起来,才能把教科书上定义—公式—图像—性质—应用,这种冰冷的美丽变成学生丰富的联想,使学生在某一领域孤立学习的主题能迁移到另一领域中。

张奠宙先生的三角函数教育形态化建议较为宏观,可操作性不强。例如,张先生指出"三角函数的教学必须通过再创造来恢复学生火热的思考,使之返璞归真",但并未具体指出三角函数蕴含的数学思想与科学价值是什么,也没有指出如何把三角函数的数学思想与科学价值"落地生根",供学生进行"火热的思考"。可见从理论上的"三角函数教育形态化"到实际操作层面缺少一个切实可行的桥梁或可行的路径,如何使得三角函数教育形态化具有可操作性,不仅对于其他数学内容教育形态化具有启发意义,同时对于评价教科书的良莠也具有重要意义。

"数学学术形态与教育形态"理论来源于著名数学教育家弗赖登塔尔的数学教育思想,发展三角函数教育形态化的理论框架与基本路径自然要以弗赖登塔尔数学教育思想的核心"数学教育是数学的再创造"为基础。数学学术形态向教育形态转化要提高到数学思想方法的高度,所以首先需要挖掘隐藏在三角函数背后的深刻思想与科学价值。其次,三角函数的深刻思想与科学价值要有适当的"落脚点",才能为学生的再创造提供思想材料,这个"落脚点"便是建构合适的问题情境。有了问题情境,学生未必就能实现再创造,教师的引导是必不可少的,也就是我们在理论与实践卷所谈到的"数学教育是数学的有限再创造",教师需要根据学情围绕着所创设的问题情境设计引导学生进行思考的问题链,循序渐进再创造出三角函数的学术形态,揭示三角函数的深刻思想与科学价值。

2. 如何实现学术形态到教育形态的转化

三角函数教育形态化难点在于其问题情境的建构。要创设合适的情境就需要了解三角函数产生的背景。众所周知,地球绕着太阳转,月亮绕着地球转,何时出现日全食? 何时出现月全食? 这就需要了解太阳、地球、月亮在公转与自转过程中任意时刻它们所处的位置。行星的运动是非常复杂的天体问题,计算其运行轨迹不是中学生所能理解与掌握的,但可以将其简化,寻找一个相对简单的模型,模型离不开任意角、弧度制、任意角的三角函数等概念。任意角、弧度制、任意角的三角函数是三个逻辑关系非常清晰的概念,所创设的问题情境应该具有统领性,不能将三个紧密相连的概念割裂开来。通过统领性的问题情境伴随着知识点的生成逐步衍生出具有一定逻辑层次的新问题情境,这些问题情境之间要具有连贯性,不能将系统的知识体系碎片化。问题情境不但要联系学生的生活现实或数学现实(弗莱登塔尔语),而且应该通过对问题情境的剖析可以挖掘出隐藏在情境背后的数学思想,否则学生在理解问题情境本身花费大量时间,却无法在有限的时间内透过问题情境建构知识体系并揭示蕴藏于其中的数学思想及其科学价值。也就是说,三角函数的问题情境要同时具备 4 个要素:

(1) 问题情境中蕴藏着三角函数的深刻思想和科学价值;

(2) 问题情境的背景具有统领性;

(3) 问题情境之间具有逻辑上的连贯性;

(4) 问题情境要联系学生的生活现实或数学现实(如图 3.1)。

三角函数既是刻画周期现象的有效模型,同时也是描述旋转运动和直线运动关系的重要工具。质点在旋转运动中任意时刻所处位置的计算离

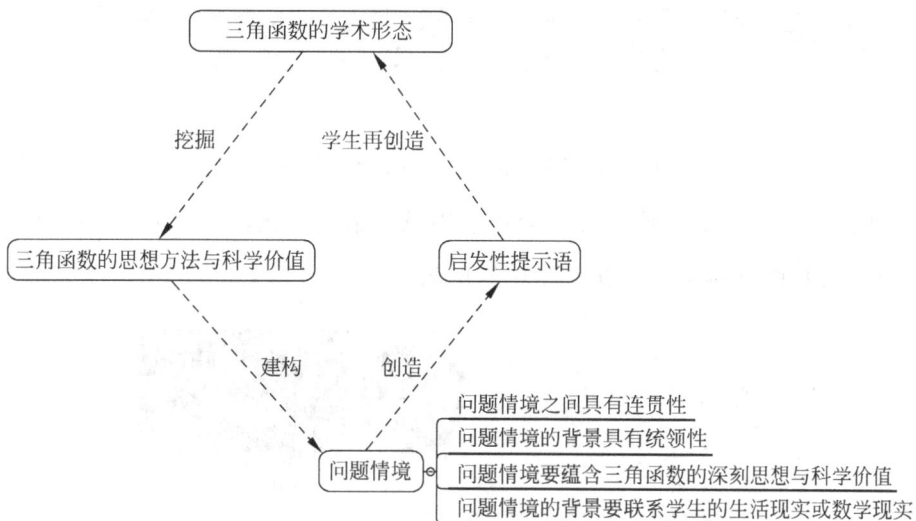

图　3.1

不开三角函数,数学上的各种摆线、物体的振动、波的传播等无不与三角函数有关。教育形态的问题情境既要能揭示三角函数内蕴的思想,也应反映出三角函数的科学价值。天文学背景比较复杂,超出了学生的生活现实与数学现实,不宜直接作为教育形态下的问题情境,需要将问题情境的背景适当简化但又不失其思想性与科学性。正如《问题驱动的中学数学课堂教学:理论与实践卷》所说,根据三角函数问题情境建构的 4 要素,以汽车运行与里程表系统为背景建构问题情境既没有超出学生的认知能力,又揭示了问题的本质。汽车车轮与里程表之间的关系蕴含了旋转运动和直线运动的关系,车轮上的一点(质点)在旋转过程中任意时刻所处的位置可以类比星体的运动。车轮上的质点随汽车向前平移过程中留下的轨迹,直观揭示了波的传播过程,这一问题情境在学生的生活中司空见惯,汽车里程表的工作原理恰恰反映了旋转运动与直线运动之间的关系,其思想性与科学价值是不言而喻的。由此可见,以汽车运动与里程表的工作原理作为统领高中三角函数教学的问题情境既与学生的认知能力相适应又不失三角函数的思想性及其重要的科学价值。

3.2 任意角、弧度制及三角函数教学案例设计

本节以任意角、弧度制、任意角的三角函数、诱导公式等内容为例,以汽车运行与里程表工作原理作为背景创设一系列问题情境(如图 3.2),引导任意角、弧度制与任意角三角函数的教学。

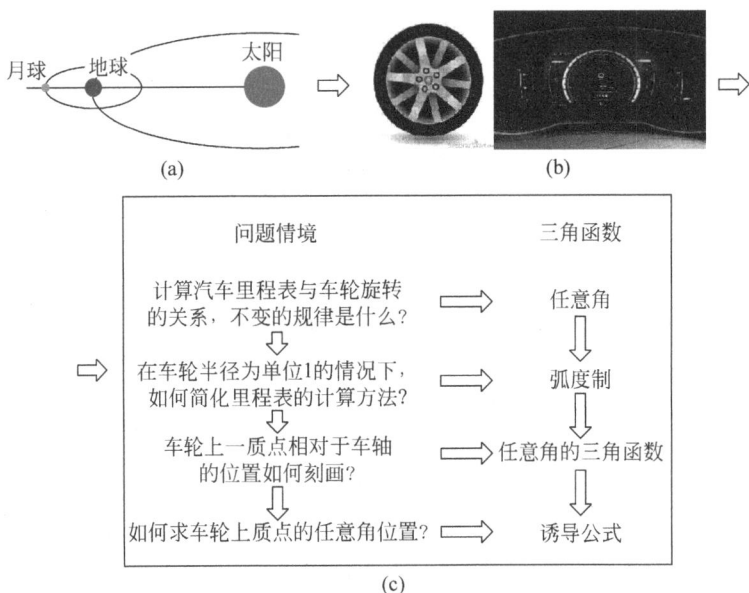

图 3.2

3.2.1 任意角与弧度制教学案例设计

案例 1　任意角

教学目的:

(1)理解任意角的含义及其与 0°~360°角之间的关系;

(2)了解象限角的概念;

(3)掌握刻画终边相同角的方法。

教学重点：任意角概念与刻画终边相同角的方法。

教学难点：运用刻画终边相同角的方法正确表征任意角。

教学过程：

一、问题引入

要揭示"旋转运动和直线运动的关系、质点在旋转过程中所处位置"的思想，任意角的问题情境可以按照如下方式设计。在天文学中，计算何时出现日全食、月全食，需要计算太阳、地球和月亮所在的位置，这是一个有趣而又复杂的问题，且太阳、地球和月亮位置关系的原理在我们生活中也很常见。例如，我们都坐过汽车，汽车里程表记录了汽车所行驶的路程，里程表数和车轮就蕴含了太阳、地球和月亮位置关系的原理(图3.2(b))，此时，汽车轮子的中心作直线运动，轮子边缘上的质点绕着轮子的中心作旋转运动。汽车的运动可以近似看作天体运动的简化模型，事实上，在时间间隔不是很长的情况下，可以将地球近似看成直线运动，月亮绕着地球作旋转运动。

问题1 如果车轮的半径是0.3m，如何计算里程表上的数据？如果车轮的半径是0.25m，如何计算里程表上的数据？其中变的是什么？不变的是什么？你发现了什么规律？

要解决问题情境中的问题，不仅要把上述问题情境抽象为"旋转运动和直线运动关系"的数学问题，为此还需要建构角的动态定义，规定角的旋转方向，当车轮旋转超过一周后，将角度限制在0°～360°之间就不够用了，需要扩展角的范围，建立任意角的概念。E.马奥尔指出"没人知道按照逆时针方向测量角的习惯起源于哪里，这可能来源于我们所熟悉的坐标系统：如果逆时针旋转90°将会从正x轴转到正y轴，但是顺时针旋转90°将会从正x轴转到负y轴。当然这种选择完全是任意的，如果我们最初让x轴指向左边为正，或者y轴指向下为正，那么情况就截然相反了。甚至'顺时针'这个词也是有歧义的，几年前我看到过一个'逆时针时钟'的广告，时钟的指针尽管反着走，但是却能完全正确地告诉你时间"(参见文献[3])，所以在规定角旋转方向时，可以发挥学生的创造力，先让学生自己规定角

的方向,在此基础上引导学生认识到人们习惯于规定按照逆时针方向旋转
的角为正角。

二、新课教学

　　问题 2　如何计算汽车里程表的数据?能不能把它抽象为数学问题
(如图 3.3)?

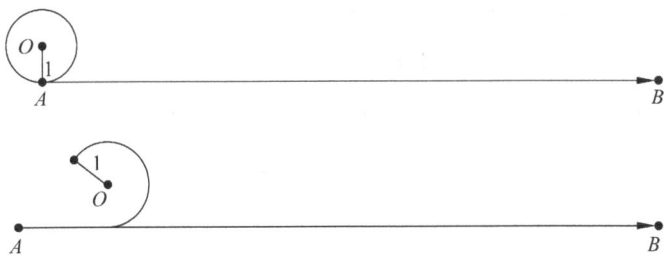

図　3.3

　　通过引导学生阅读材料,把问题情境数学化为具体的数学问题,提
升学生的数学阅读能力和抽象能力,体会"旋转运动和直线运动关系"的
思想。在此基础上启发学生认识到解决这个问题,要准确刻画车轮上一
点的旋转,不仅要定义角,还要知道该点旋转的度数、方向,当车轮旋转
超过一周时要推广角的范围,需要建立角的动态定义,根据角的旋转方向
定义正角、负角、零角,推广角的范围等都是为了解决问题而必然出现的
概念。

　　问题 3　能不能从动态的、旋转的角度对角进行定义?

　　角可以视为平面内一条射线绕着其端点从一个位置旋转到另一个位
置所形成的图形。射线在旋转初始位置时称为角的始边,射线在旋转结束
位置时称为角的终边。

　　问题 4　角的始边可以怎样旋转?如何刻画?

　　如图 3.4,角的始边 OA 有两种旋转方向,一种是逆时针方向旋转,另
一种是顺时针方向旋转。其中 O 为端点,OA 为始边,OB 为终边。为了
对角的始边旋转方向作出数学上的刻画,规定始边按照逆时针方向旋转形
成的角为正角,始边按照顺时针方向旋转形成的角为负角,如果始边没有

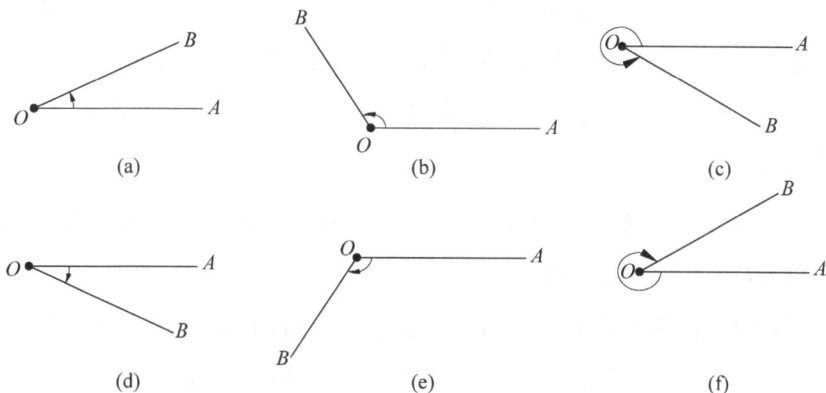

图　3.4

旋转而形成的角为零角。

　　定义动态的角、正角、负角、零角,推广角的范围后,还不能计算汽车里程表的数据,因为在刻画车轮旋转量这个问题上存在争议,不同学生选择角的始边可能不一样,给研究问题带来一定的复杂性,有必要统一角的始边,即角的始边标准化。

　　问题 5　如何计算汽车里程表的数据?其中变的是什么?不变的是什么?你发现了什么规律?

　　通过对问题的分析,使学生认识到角的终边在周而复始地旋转,初步体验“周期性”思想。

　　问题 6　不同学生规定角的始边位置可能不同,这会给研究问题带来什么影响?如何解决?

　　如果角的始边位置不同,将给不同角之间的比较带来困难,所以有必要统一角的初始位置。

　　在上述一系列问题引导下,学生再创造了诸多概念,规定了角始边的方向,而创造概念的目的是为了解决最初的问题,还需要回到最初的问题上来。

　　问题 7　如何统一角的初始位置?能不能用代数化的方法研究任意角?

　　为了研究的方便,可以让角的顶点与原点重合,角的始边与 x 轴的正半轴重合,角的终边在第几象限,就说这个角是第几象限角。例如,如果角的终边在第二象限,就称这个角为第二象限角(图 3.5),如果角的终边在坐标轴上,就认为这个角不属于任何象限。可以看出,在直角坐标系中,角的大小确定,则有唯一一条终边与其对应。

引导学生把任意角与直角坐标相联系,在平面直角坐标系中研究任意角,使得任意角的研究代数化。

问题 8　在平面直角坐标系中,给定一个角,就有唯一一条终边与其对应。反之,若确定角的终边位置,角的大小能够唯一确定吗?

虽然角的终边位置确定,由于始边旋转的方向与圈数不同,可以得到许许多多不同的角,它们相差 $360°$ 的整数倍。从而得到所有与角 α 终边相同的角,包括角 α 在内可以组成一个角的集合 $S=\{\beta|\beta=\alpha+k \cdot 360°,k\in \mathbf{Z}\}$。

>>> 例 1　写出终边在 y 轴正半轴上的角的集合(图 3.6)。

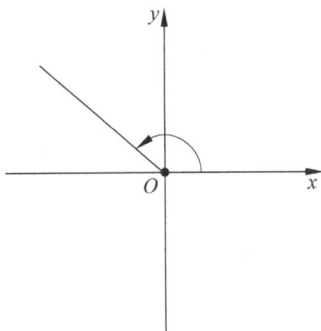
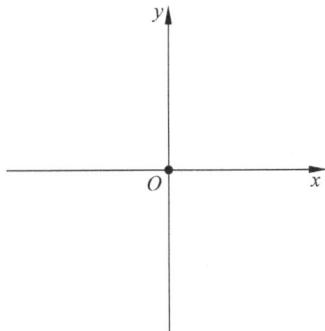

图　3.5　　　　　　　　　　　　图　3.6

解　只需要找出 $0°\sim 360°$ 之间终边在 y 轴正半轴上的角 α,然后写成 $S=\{\beta|\beta=k \cdot 360°+\alpha,k\in \mathbf{Z}\}$ 的形式即可。

由题意得,在 $0°\sim 360°$ 之间,$\alpha=90°$,故所有 y 轴正半轴上角的集合是 $S=\{\beta|\beta=k \cdot 360°+90°,k\in \mathbf{Z}\}$。

>>> 例 2　写出终边在 y 轴负半轴上的角的集合。

解法 1　只需要找出 $0°\sim 360°$ 之间终边在 y 轴负半轴上的角 α,然后写成 $S=\{\beta|\beta=k \cdot 360°+\alpha,k\in \mathbf{Z}\}$ 的形式即可。

由题意得,在 $0°\sim360°$ 之间,$\alpha=270°$,故所有 y 轴负半轴上角的集合是 $S=\{\beta|\beta=k\cdot360°+270°,k\in\mathbf{Z}\}$。

解法 2 也可以找出 $-360°\sim0°$ 之间终边在 y 轴负半轴上的角 α,然后写成 $S=\{\beta|\beta=k\cdot360°+\alpha,k\in\mathbf{Z}\}$ 的形式。

由题意得,在 $-360°\sim0°$ 之间,$\alpha=-90°$,故所有 y 轴负半轴上角的集合是 $S=\{\beta|\beta=k\cdot360°-90°,k\in\mathbf{Z}\}$。

>>> 例 3 写出终边在 y 轴上的角的集合。

解法 1 只需要找出 $0°\sim360°$ 之间终边在 y 轴上的角 α,然后写成 $S=\{\beta|\beta=k\cdot360°+\alpha,k\in\mathbf{Z}\}$ 的形式即可。

由题意得,在 $0°\sim360°$ 之间,$\alpha_1=90°$,$\alpha_2=270°$,故所有 y 轴上的角的集合是 $S_1=\{\beta|\beta=k\cdot360°+90°,k\in\mathbf{Z}\}$,$S_2=\{\beta|\beta=k\cdot360°+270°,k\in\mathbf{Z}\}$。

解法 2 也可以找出 $-360°\sim360°$ 之间终边在 y 轴上的角 α,然后写成 $S=\{\beta|\beta=k\cdot360°+\alpha,k\in\mathbf{Z}\}$ 的形式。

由题意得,在 $-360°\sim360°$ 之间,$\alpha_1=-90°$,$\alpha_2=90°$,故所有 y 轴上的角的集合是 $S=\{\beta|\beta=k\cdot360°\pm90°,k\in\mathbf{Z}\}$。

解法 3 还可以将 y 轴正半轴上的角与负半轴上的角看成 x 轴正半轴上的角与负半轴上的角逆时针旋转 $90°$ 得到的,因此也可以按如下方法求解。

由题意得,角的终边在 x 轴上的角的集合是 $S=\{\beta|\beta=k\cdot180°,k\in\mathbf{Z}\}$,因此,角的终边在 y 轴上的角的集合是
$S=\{\beta|\beta=k\cdot180°+90°,k\in\mathbf{Z}\}$。

>>> 例 4 写出终边在 $y=-x$ 上的角 α 的集合 S,并写出 $-360°\leqslant\alpha\leqslant360°$ 的角(图 3.7)。

解法 1 在直角坐标系中画出一次函数 $y=-x$,终边在 $y=-x$ 上的角都是 x 轴正半轴上的角与负半轴上的角逆时针旋转 $135°$ 得到。

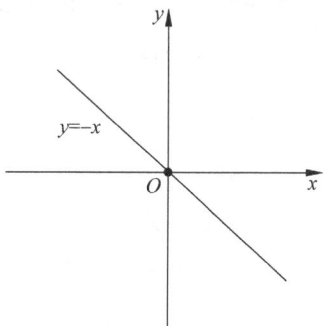

图 3.7

由题意得,角的终边在 x 轴上的角的集合是 $S=\{\beta|\beta=k\cdot180°,k\in\mathbf{Z}\}$,因此,终边在 $y=-x$ 上的角 α 的集合 $S=\{\beta|\beta=k\cdot180°+135°,k\in\mathbf{Z}\}$。

解法 2 也可以通过终边在 x 轴正半轴上的角与负半轴上的角顺时针旋转 $45°$ 得到。

由题意得,角的终边在 x 轴上的角的集合是 $S=\{\beta|\beta=k\cdot180°,k\in\mathbf{Z}\}$,故而终边在 $y=-x$ 上的角 α 的集合 $S=\{\beta|\beta=k\cdot180°-45°,k\in\mathbf{Z}\}$。

三、课堂练习

1. 分别画出下列各个角的终边,并说出它们是第几象限的角。

(1) $-275°$;(2) $715°$;(3) $379°$;(4) $1100°$。

2. 在 $-360°\leqslant\alpha\leqslant360°$ 范围内,找出与下列角终边相同的角。

(1) $-1100°$;(2) $3555°$;(3) $1350°$;(4) $-660°$。

四、归纳小结

要分析汽车车轮与里程表之间的关系,不仅需要把角的概念推广到任意角,还需要进一步寻找汽车行驶的直线距离与车轮旋转角度之间的关系。

◀ **案例 2** 弧度制

教学目的:

(1) 清楚建立弧度制的重要性。

(2) 如何建立弧度制。

(3) 利用弧度制建立旋转运动与直线运动之间的关系。

教学重点:引入弧度制的重要性,弧度制与角度制的相互转化。

教学难点:如何利用弧度制建立弧长(旋转运动)与线段长(直线运动)之间的关系。

教学过程:

一、问题引入

前面我们已经阐述了为什么要引进弧度制,教材声称"度量长度可以用米、英尺、码等不同的单位制,度量重量可以用千克、磅等不同的单位制。不同的单位制能给解决问题带来方便。角的度量是否也能用不同的单位制呢"（参见文献[8]）显得有些任性，作为教材的编写者，不能凭直观臆想编教材。这样的编写不仅让行家觉得编写者数学素养的浅薄，而且会误导教师与学生。事实上，斤、千克、磅等不同度量的出现也并非为了什么解决问题的方便，而是不同国家与地区使用习惯不同所致。斤是来自本土的度量单位，千克、磅则来自西方，与弧度制的出现完全不同，这样想当然的类比有些不负责任。在任意角的教学中已经设计了汽车里程表与车轮旋转之间关系的问题（案例 1 中的问题 2），可以在该问题基础上进一步深化从而引出弧度制。

问题 1 假设轮子的半径为 r，当轮子在地面上正好滚动了一周时，轮子的中心平移了多少？

这个问题并不困难，学生很容易想明白，轮子的中心（圆心）走过的距离恰好是圆的周长 $2\pi r$。该问题为后面弧度制的引入埋下了伏笔。

二、新课教学

问题 2 假设半径为 r 的圆周与 x 轴相切，当该圆沿着 x 轴滚动时，圆上任一点绕着圆心旋转了 $\alpha°(0 \leqslant \alpha \leqslant 360)$，圆心平移了多少？

这个问题比问题 1 稍微复杂了一点，如果单纯地问圆心角与弧长的关系，学生不会感到困难，困难的是要将它们与运动过程联系起来，部分学生可能会感到困难。需要教师利用图形选择圆周上一点，最简单的方法是选择与 x 轴的切点 A，当 A 点随着圆的滚动到达 A' 时，A 点绕着圆心旋转了 $\alpha°$。关键的问题是如何引导学生分析，此时圆周在 x 轴上滚动的距离（圆心平移的距离）与圆心角的变化是什么关系？当 A 点绕着圆心旋转了 $\alpha°$ 时，圆上任意点均绕着圆心旋转了 $\alpha°$。有这个关系不难搞清楚圆心平移的距离等于圆心角为 $\alpha°$ 时所对应的弧长，于是圆心的平移公式为

$$L = \frac{\alpha}{180}\pi r。$$

问题 3 半径为 r 的圆与 x 轴相切，随着圆在 x 轴上滚动，半径不同，相同圆心角对应的弧长也不同，所以圆心平移的距离也会不同，也就是说，圆心平移的距离不仅与圆的半径有关，也与圆周上的点绕圆心旋转的角度

有关。从弧长计算公式可知,弧长是半径的线性函数(一次函数),故可以假设弧长为 αr,从而圆心平移了 αr,其中 $0 \leqslant \alpha \leqslant 2\pi$,这时圆周上一点绕圆心旋转了多少度?

这个问题与问题 2 正好是反过来的,目的是为后面引入弧度制做准备。假设圆心角为 $\beta°$,由弧长计算公式知

$$\alpha r = \frac{\beta}{180}\pi r \text{。}$$

故有

$$\alpha = \frac{\beta}{180}\pi \text{。}$$

从问题 2 与问题 3 可以看出,圆心平移的距离既与半径有关,也与圆心角有关,但如果用圆心角的角度计算弧长就会出现系数 $\frac{1}{180}\pi$。

问题 4 在上述等式中 β 表示圆心角的角度,α 表示的是什么? 这个数与半径有关吗? 它由什么唯一决定?

教师可以针对若干个半径不同、圆心角也不同的圆周沿着 x 轴滚动时圆心平移的距离与圆心角之间的关系,引导学生分析上面的关系式,将会发现 α 所反映的实际上也是圆心角的大小。

问题 5 通过对问题 4 的分析,我们知道在等式 $\alpha = \frac{\beta}{180}\pi$ 中,α 只与圆心角有关,与圆的半径无关。如果知道了圆的半径与圆的弧长,如何计算这个 α?

有了前面几个问题的讨论,这个问题就不难回答了。根据已经学过的弧长计算公式可知,如果圆的半径为 r,弧长为 L,则圆心角的角度为

$$\beta = \frac{180°L}{\pi r} \text{。}$$

由 $\alpha = \frac{\beta}{180}\pi$ 可知

$$\alpha = \frac{L}{r} \text{。}$$

这说明,不管圆的半径是多少,只要圆心角的角度确定了,α 也唯一确定,不难看出,反过来也一样,即 α 一旦确定,圆心角的角度也唯一确定。换句话说,这个 α 实际上也是圆心角的一种度量。

问题6　为什么要讨论反映圆心角大小的 α? 它比用角度 $\beta°$ 来表示圆心角有什么不同吗?

不妨假设圆心角的角度为 $\beta°$,则对应的 α 为

$$\alpha = \frac{\beta}{180}\pi。$$

设弧长为 L,用圆心角的两种不同度量方法计算一下弧长会发现

$$L = \frac{\beta}{180}\pi r = \alpha r。$$

显然,如果用 α 来度量圆心角的大小,弧长的计算公式要简单很多。而计算弧长与计算圆心平移的距离有着密切关系,它可以为我们后续很多问题的计算带来方便。从几何上看也不难理解,不管圆的半径是多少,只要圆心角确定了,对应的弧长与半径之比不会发生变化,所以讨论与圆有关的运动规律时,用 α 表示圆心角显然比用角度 $\beta°$ 表示圆心角更便于计算。

定义　假设圆的半径为 r,如果圆心角所对的弧长为 L,则定义圆心角的大小为

$$\alpha = \frac{L}{r}。$$

称 α 是弧长为 L 的弧所对应圆心角的弧度。显然弧度与角度的关系为

$$\beta = \frac{180°}{\pi}\alpha,$$

或

$$\alpha = \frac{\beta}{180}\pi。$$

有必要向学生解释清楚,由于弧度是弧长与半径的比值,我们称圆心角为 α 弧度仅是个习惯说法,圆心角的弧度是没有单位的。那么圆心角的角度

有没有单位呢？由于角度也是圆心角的一种度量方法,而且圆心角一旦确定了,其角度也不会随着半径的变化而发生变化,所以角度与弧度一样都是个(不随半径变化)不变量(无论半径发生什么变化,对应的弧长与半径之比不变,所以弧度与角度都不会发生变化),它同样没有单位。

问题 7　如果半径为 r 的圆在 x 轴上滚动了 10 圈半,圆上一个固定点绕着圆心旋转了多少弧度？圆心平移了多少？

设计这个问题的意图不言自明,从 360° 以内的角过渡到任意角的弧度表示。还可以在此基础上引入反向滚动情形下的弧度。

问题 8　1 弧度的圆心角是多少角度？1° 的圆心角是多少弧度？

问题 9　30°,45°,60°,180°,270°,1080° 分别是多少弧度？

问题 10　试分别用角度制与弧度制阐述一下汽车里程表的工作原理,比较一下两种计算方法的复杂性。

问题 11　试用弧度制表示扇形面积公式并与角度制下的面积公式比较。

上述问题的目的非常清楚,通过特殊角的角度制与弧度制之间的相互转换让学生熟练掌握两种表示之间的转换关系,并初步领会引进弧度制的方便之处。一些特殊角两种表示的换算关系如下表。

角度	弧度	角度	弧度
360°	2π	270°	$\frac{3}{2}\pi$
180°	π	90°	$\frac{\pi}{2}$
60°	$\frac{\pi}{3}$	45°	$\frac{\pi}{4}$
30°	$\frac{\pi}{6}$	15°	$\frac{\pi}{12}$
−360°	-2π	−270°	$-\frac{3}{2}\pi$
−180°	$-\pi$	−90°	$-\frac{\pi}{2}$
−60°	$-\frac{\pi}{3}$	−45°	$-\frac{\pi}{4}$
−30°	$-\frac{\pi}{6}$	−15°	$-\frac{\pi}{12}$

用弧度制表示角时,"弧度"二字或"rad"可以略去不写,只需写出该角的弧度数即可。角的范围扩充后,在弧度制下,角的集合与实数集 **R** 之间便建立了一一对应关系,每一个角都唯一对应一个实数,反之,每一个实数也对应唯一的角。所以,角的弧度数与实数可以对应起来。

>>> 例 1　试计算下列角的正弦、余弦或正切值

(1) $\sin \dfrac{\pi}{6}$; $\sin \dfrac{\pi}{4}$; $\sin \dfrac{\pi}{3}$。

(2) $\cos \dfrac{\pi}{6}$; $\cos \dfrac{\pi}{4}$; $\cos \dfrac{\pi}{3}$。

(3) $\tan \dfrac{\pi}{6}$; $\tan \dfrac{\pi}{4}$; $\tan \dfrac{\pi}{3}$。

>>> 例 2　汽车的车轮外半径为 0.3m,车轮每小时旋转 60000 圈,汽车每小时行驶多少千米(图 3.8)?

图　3.8

根据弧长公式 $L = \alpha r$ 即可算出汽车每小时的行驶路程。

解　$2\pi \cdot 60000 \cdot 0.3 = 36000\pi(\text{m})$,

　　　$36000\pi\text{m} \approx 113.04\text{km}$。

答　汽车每小时行驶 56.52km。

>>> 例 3　圆心角为 2.5,所对的弧长为 64cm,圆的半径为多少(图 3.9)?

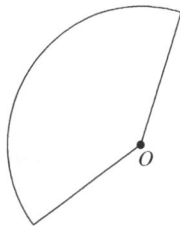

图　3.9

根据弧长公式 $r=L/\alpha$ 即可算出圆的半径。

解　$64 \div 2.5 = 25.6(\text{cm})$。

答　圆的半径为 25.6cm。

>>> **例 4**　在半径为 3cm 的圆上,弧长为 12cm 所对圆心角的弧度数是多少?

根据弧长公式 $\alpha=L/r$ 即可算出圆心角的弧度数。

解　$12 \div 3 = 4$。

答　弧长为 12cm 所对圆心角的弧度数是 4。

>>> **例 5**　时钟的分针旋转 -2 弧度时,需要经过多少时间?

时钟分针顺时针旋转得到负角,但经过的时间数却是正值。

答　$|-2| \times 60/(2\pi) \approx 19.1(\text{min})$。

例 6　当时钟的分针走了 39 分 22.5 秒时,旋转了多少弧度角?

本题的基本思路与例 5 相同,由于时针顺时针旋转,得到的弧度数是负值。计算时首先需要将秒转换成分,即 $22.5\text{s} = 0.375\text{min}$,故分针走了 39.375min,在此基础上再计算弧度数。这里要注意的是,分钟走一圈为 60min,学生也许会把 39.375 分误作 $39.375°$。

三、课堂总结

因为需要简化圆弧弧长的计算,建立了角的另一种度量方法,这就是弧度制,弧度制使得弧长的计算公式大大简化,为计算带来了便捷性,这在计算机出现之前显得尤为需要。同时,弧度制的建立使角的度量方法得到丰富,建立两种角的度量方法之间的换算关系,以及锐角三角比与弧度制之间的关系是自然的事情。弧度数与实数之间建立了一一对应关系,同时也使得度量单位统一了起来,这为建立任意角的三角函数概念奠定了重要基础。

3.2.2　再论锐角三角比

从现行教材"任意角的三角函数"内容看,虽然在课题导入方面存在差异,但都以锐角三角比(初中教材称为锐角三角函数)作为引入任意角三角函数的认知基础。然而,教材忽略了初中锐角三角比与高中任意角三角函数之间最本质的差别:初中所指的锐角三角比是从静态的角度研究角和边之间的关系,也就是说,在假定了直角三角形的锐角已知时,求边的长度之比与角的关系。高中任意角的三角函数则是从动态的角度研究当角度发生变化时,动点的位置关系将发生何种变化? 显然易见,锐角三角比并非函数。如果将锐角三角比作为任意角三角函数的切入点,就需要从动态的观点重新审视锐角三角比。

高中教材对于定义任意角三角函数的必要性也没有给出令人信服的理由,现行教材直接以锐角三角函数为基础,在平面直角坐标系中以单位圆为载体定义任意角的三角函数。但教材并未回答一个至关重要的问题:"为什么要定义任意角的三角函数?"

既然任意角三角函数来自运动,其本原性问题乃是描述物体运动的规律。可见合适的情境应该是物体的运动,将本原性问题嵌入到合适的物理情境中形成问题情境,通过对问题情境的深入分析发现在研究质点围绕着平行移动的另一个质点作旋转运动时,任意时刻所处的位置与任意角的三角函数有关,由此建立任意角三角函数的概念。

在引入汽车车轮旋转问题之前,有必要把初中锐角三角"函数""升级"为高中函数意义下真正的函数。那就是说,当直角三角形的锐角发生变化时,锐角三角比也会发生变化,这就是锐角三角函数。锐角三角函数与任意角三角函数的差别就在于角度的变化范围不同,用弧度制的语言来说,锐角三角函数的定义域在 $0\sim\dfrac{\pi}{2}$,任意角的三角函数定义域则可能是整个实数域。

为了便于讨论任意角的三角函数,首先需要把初中锐角的角度用弧度制表示,从而将度量单位统一起来,讨论在弧度制下,当角度发生变化时,三角比发生什么变化,这才是真正意义上的函数。

建立锐角三角函数与任意角三角函数之间关系的另一个重要桥梁是需要将直角三角形的锐角转换成直角坐标系下的锐角,这样便于在坐标系中建立任意角三角函数的概念。引导学生把直角三角形作到平面直角坐标系中是非常重要的一步,这在平面直角坐标系中定义任意角三角函数起着奠基性作用。教材的确把直角三角形放到了平面直角坐标系中,却没有对这种做法给出任何的启发或说明。

在初中阶段,已经证明了锐角三角比不会随着直角三角形边长的变化而变化,而是随角度变化而变化。在平面直角坐标系中,还需要引导学生确认锐角三角函数值不因角的终边上选取点的位置不同而不同,只与角的大小有关。在此基础上,引导学生认识锐角三角函数值只与角的终边上任意选取的点坐标的比值有关,这样便摆脱了直角三角形中的惯性思维,把视野放大到角的终边上点的坐标之间的关系。

3.2.3　锐角三角函数教学案例设计

案例 3　锐角三角函数

教学目的:

(1) 理解三角函数的定义;

(2) 了解初中三角比概念的静态性与高中三角函数概念的动态性;

(3) 学会把静态的初中锐角三角比转化为高中动态的锐角三角函数。

教学重点:理解初中三角比与高中三角函数之间的关系。

教学难点:从动态的角度看初中锐角三角比从而得到动态的锐角三角函数。

教学过程:

一、问题引入

问题 1　回顾一下,初三在研究锐角三角比(函数)时,直角三角形中的锐角是确定的还是变化的? 它与函数有什么不同?

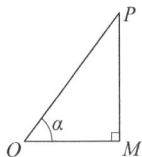

如图 3.10,在 Rt△OMP 中,$\sin\alpha=\dfrac{PM}{OP}$,$\cos\alpha=\dfrac{OM}{OP}$,

图　3.10

$$\tan\alpha = \frac{PM}{OM}.$$

在研究直角三角形中的锐角三角比时,锐角 α 是取定的,并不研究角度发生变化时三角比的变化规律,所以,初中所谓的锐角三角函数不是真正的函数。

二、新课教学

问题 2 当直角三角形中的锐角一定时,三角形的边长也一定吗?如果边长发生变化,会按照何种规律变化?如果固定直角三角形一个锐角的顶点,其他两个顶点会怎么变化?描述变化着的点的合适工具是什么?

此处暂时不适合引入直角坐标系,因为在直角坐标系中讨论三角函数时,自变量是角的弧度数,如果将直角三角形放在直角坐标系中,很容易让学生产生困惑:自变量到底是谁? 但可以探讨如果直角三角形的锐角一定,边长将按照什么规律变化。在此基础上搞清楚锐角三角比与锐角三角函数之间的差别。

问题 3 初中的锐角三角比是函数吗?

函数的三要素包括定义域(自变量的取值范围)、值域(函数的取值范围)和对应法则(函数关系),其中函数的值域可以由定义域与对应法则确定。初中的锐角三角比貌似也具备上述三要素,然而函数的本质是变量之间的内在关系,初中教材中的锐角三角比是在假定直角三角形的锐角固定的情况下讨论边与角之间的关系,是在静态的观点下讨论三角比,所以严格说来那里的三角比不是函数。澄清这个概念对于学生正确理解函数概念不无帮助。

问题 4 在问题 2 中,如果锐角的弧度数发生变化,三角比会变化吗?三角比与锐角的弧度数之间是不是函数关系?

通过这个问题帮助学生澄清锐角三角比与锐角三角函数的关系,同时为定义任意角的三角函数打下基础。

通过旧知识与新知识之间的比较,从横向或纵向比较中获得新知识、新关系、新认识。"在学习中,每过一段时间都要把原来学的知识和现在所学习的知识进行比较和总结,建立它们之间的联系,并从中洞察出新的知识与关系",但是探究新旧知识内在关系的问题需要显性化,指向需要明确,具备比较强的启发性与可操作性。

问题 5　将单位圆的圆心放在直角坐标系的坐标原点,圆上的定点 P 的坐标为 $(-1,0)$,圆与直线 $y=-1$ 相切与点 $A(0,-1)$,当圆在 $y=-1$ 上滚动时(如图 3.11),试求:

(1) 随着圆的滚动,P 点绕着圆心从 $P(-1,0)$ 旋转到 $P'(x,1)$,试求 x 的值;

(2) 当圆滚动时,求 P 点在任意时刻的坐标。

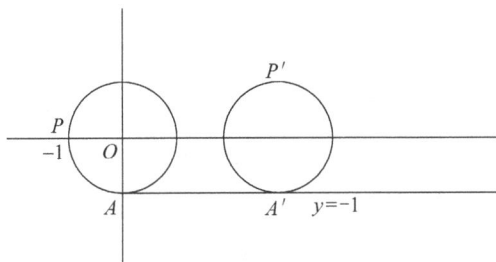

图　3.11

理解这个问题的关键是圆的旋转与圆心平移之间的关系,搞清楚这个关系以及动点 P 的坐标与圆心角变化之间的关系,上述两个问题就不难回答了。在对上述问题的分析过程中会遇到两个难点:

1. 学生是否能理解单位圆圆心平移的距离等于圆心角旋转的弧度数?

2. 动点 P 的坐标与旋转角的弧度数之间是什么关系?

由于涉及圆心的平移以及圆周上的定点随着圆心的平移绕着圆心作旋转运动,使得对这个问题的分析显得稍有些复杂,比较好的办法是将平移与旋转分解。由于平移过程中 P 点绕着圆心旋转与圆心在坐标原点不动时 P 点绕着圆周旋转本质上是一样的,两种情况下 P 点的纵坐标是一样的,不同的是横坐标随着圆心的平移将发生变化。因此可以先从圆心不动的情形开始讨论,再过渡到圆心作平移运动的复杂情形,此时比较困难

的是 P 点横坐标的讨论,教师可以根据学生情况决定目前是否讨论问题5。如果学生对这个问题的理解到位,将为后面任意角三角函数的研究扫清了障碍。

通过对上述几个问题的分析,学生清楚了锐角三角比与锐角三角函数之间的不同,也理解了锐角三角函数与一般函数概念之间的关系。

问题 6　在锐角三角函数中,自变量是什么? 函数是什么?

可能很多教师习惯于将直角三角形放置到直角坐标系下,然后讨论当锐角发生变化时三角函数值也会发生变化,进而得到锐角三角函数概念。这样带来的后果是学生会对三角函数的自变量是什么感到迷惑,因为将直角三角形放到直角坐标系中时,斜边上点的横坐标与纵坐标均非锐角的弧度数,而是弧度的函数,这对于后面理解三角函数的图像将会带来障碍。在三角函数的图像中,横坐标(自变量)指的是弧度,纵坐标(函数)指的三角函数值。

问题 7　锐角三角函数的定义域、值域和对应法则是什么?

根据锐角三角函数的定义可知

正弦的对应法则是 $\sin\alpha = \dfrac{\alpha \text{ 的对边}}{\text{斜边}}$,定义域是 $\left(0, \dfrac{\pi}{2}\right)$,值域是 $(0,1)$;

余弦的对应法则是 $\cos\alpha = \dfrac{\alpha \text{ 的邻边}}{\text{斜边}}$,定义域是 $\left(0, \dfrac{\pi}{2}\right)$,值域是 $(0,1)$;

正切的对应法则是 $\tan\alpha = \dfrac{\alpha \text{ 的对边}}{\alpha \text{ 的邻边}}$,定义域是 $\left(0, \dfrac{\pi}{2}\right)$,值域是 $(0,+\infty)$。

问题 8　在锐角三角函数中,当角的弧度数增大时,三角函数将发生什么变化?

学生不难通过几何直观理解回答上述问题。

>>> 例 1　若 $x \in \left[\dfrac{\pi}{4}, \dfrac{\pi}{3}\right]$,求 $f(x) = \sin x$ 的值域。

由于 $f(x) = \sin x$ 在 $\left(0, \dfrac{\pi}{2}\right)$ 内随 x 的增大而增大,所以很容易解得 $f(x) = \sin x$ 的值域。

解　$f\left(\dfrac{\pi}{4}\right)=\sin\left(\dfrac{\pi}{4}\right)=\dfrac{\sqrt{2}}{2}$，$f\left(\dfrac{\pi}{3}\right)=\sin\dfrac{\pi}{3}=\dfrac{\sqrt{3}}{2}$，故 $f(x)$ 的值域

是 $\left[\dfrac{\sqrt{2}}{2},\dfrac{\sqrt{3}}{2}\right]$。

>>> **例 2**　若函数 $f(x)=x^2\sin x$，求 $f\left(\dfrac{\pi}{3}\right)$，$f\left(\dfrac{\pi}{4}\right)$。

$$f\left(\dfrac{\pi}{6}\right)=\left(\dfrac{\pi}{6}\right)^2\sin\left(\dfrac{\pi}{6}\right)=\left(\dfrac{\pi}{6}\right)^2\cdot\dfrac{1}{2}=\dfrac{\pi^2}{72};$$

$$f\left(\dfrac{\pi}{4}\right)=\left(\dfrac{\pi}{4}\right)^2\sin\left(\dfrac{\pi}{4}\right)=\left(\dfrac{\pi}{4}\right)^2\cdot\dfrac{\sqrt{2}}{2}=\dfrac{\sqrt{2}\pi^2}{32}。$$

三、课堂总结

初中的锐角三角函数不是严格意义上的函数，因为函数的本质是两个不同变量之间的因果关系，而初中阶段所说的锐角三角函数是在固定了锐角大小的情况下研究边与角之间的关系，是以静态的观点研究锐角的正弦、余弦或正切。从动态的观点看，当锐角发生变化时，对应的三角比也会发生变化，变化的锐角与对应的三角比之间的关系才是真正意义上的函数关系。由于通常的角度采用的是 60 进制，当角度发生变化时，计算三角函数值将涉及单位的统一，三角函数中将多了一个复杂的因子，采用弧度制作为自变量将对函数值的计算带来很大的方便。

3.2.4　任意角三角函数的课堂教学重构

三角学源于天文学，在恒星天文学中，地球绕着太阳转，月亮绕着地球转，什么时候出现日全食？什么时候出现月全食？这就需要计算太阳、地球、月亮在公转与自转过程中，任意时刻太阳、地球、月亮所处的位置，它与任意角的三角函数概念显然密切相关。然而太阳、地球、月亮之间的位置关系是一个非常复杂的多体问题，已经远远超出了中学生认知能力范围。课堂上可以将天体的运动作为引子简单介绍，在此基础上简化模型，得到适应学生认知能力且具有可操作性的数学模型。

　　在任意角和弧度制的教学中,学生已经熟悉了汽车车轮的旋转和里程表之间的关系,这是个很好的现实背景,可以作为天体运动的一个简化模型。事实上,虽然地球绕着太阳作曲线运动,但如果时间间隔不长,可以将地球近似看成直线运动的质点,月亮则是绕着地球作旋转运动的另一个质点。在此理想化条件下,地球相当于行进中的汽车轮子的中心,月亮则是汽车轮子上的一点。围绕着这个模型分析任意时刻轮子上的固定点所处的位置便可以引出任意角的三角函数。

　　这是一个现实的有效物理情境,通过车轮旋转驱动汽车向前或向后运动,把车轮上某个固定点看成一个质点,绕着车轮中心旋转。车轮旋转使得车轮作圆周运动推动汽车向前作平移运动(车轮中心作平移运动),这是个旋转运动转变成直线运动的过程,汽车里程表的计算原理显然由此而来。汽车向前平移过程中,车轮上质点所处位置时刻都在发生变化,本质上是一个质点绕着直线运动的质点作旋转运动的问题。在汽车向前平移过程中,质点绕着车轮中心旋转的角度在不断增加,如果研究质点绕车轮中心的相对位置是什么,必然会出现任意角的正弦函数和余弦函数。数学上通常将一个质点绕着另一个平移的质点作旋转运动所形成的轨迹称为摆线,将一个圆沿着另一个圆的外部滚动时滚动的圆周上一个固定点的运动轨迹称为外摆线,将一个小圆沿着一个大圆的内部滚动,小圆上固定点的运动轨迹称为内摆线。进一步将这个情境数学化,便可提炼出纯数学上的几何问题。具体地说,在一个建立了直角坐标系的平面内,一个圆在 x 轴上滚动,从而使得圆心作平移运动,圆周上的固定点在任意时刻所处位置的坐标是什么?在解决这个问题的过程中自然涉及任意角的正弦与余弦函数。由这个模型还可以得到三角函数的诱导公式。

　　从天体运动到汽车运动是将一个复杂的运动问题转换成简单问题的过程,这是为了在不失问题的科学性前提下简化问题以适应学生的认知能力,从汽车的运动到具有直角坐标系的平面内圆的运动则是现实问题抽象成数学问题的过程,它是将生活素材提炼成数学问题的过程,或者说是一个数学化过程。

上述构想不同于现行的教材,它将任意角、弧度、任意角的三角函数通过同一个真实有效的问题情境联系在一起形成一个有机的整体,既与学生的认知能力相适应又不失问题的科学性。同时,在对这个问题的分析过程中充分体现了数学建模的思想,即如何从复杂的物理世界中寻找最本质的关系,进而建立数学模型。

"如何定义任意角三角函数"促使学生将物理背景数学化为数学问题,为简便起见,不妨以单位圆为载体定义任意角的三角函数。如何定义任意角的三角函数?这就需要考虑学生的数学认知基础,定义任意角三角函数的直接基础是锐角三角函数,如何以平面直角坐标系中的锐角三角函数作为引入任意角三角函数的认知基础?认识任意角三角函数的一个重要途径是引导学生发现,当圆沿着直线滚动时,纵坐标是呈周期性变化的,而这个周期性变化的根源正是圆的旋转,由此可以发现随着圆心角的变化,圆周上质点的纵坐标可以通过圆心角的三角函数计算出来。在这个计算过程中同时也建立了三角函数的诱导公式。

圆周上质点横坐标的计算要复杂一些,因为横坐标不仅与圆心的平移有关,还与圆心角的旋转有关,它不能单纯地通过三角函数来表示,但同样涉及任意角的三角函数。

3.2.5　任意角三角函数教学案例设计

◢ **案例 4**　**任意角的三角函数**

教学目的:

(1)理解任意角三角函数概念形成的数学意义与科学价值;

(2)掌握任意角三角函数的数学本质;

(3)会运用任意角三角函数刻画单位圆上点的位置。

教学重点:掌握任意角三角函数的数学本质。

教学难点:理解任意角三角函数概念形成的数学意义与科学价值。

教学过程：

一、问题引入

问题 1　太阳、地球与月亮的运行规律与汽车运动有相似之处，但天体运动是十分复杂的多体问题，依靠简单的函数还解决不了。但可以用汽车的运行规律来近似描述这类运动。如果把车轮半径视为单位 1，如何用数学方法刻画车轮上一质点所处的位置（如图 3.12）？

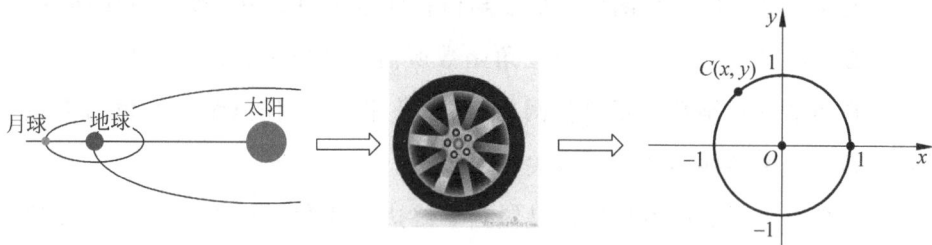

图　3.12

　　汽车通过车轮旋转驱动汽车向前或向后运动，把车轮上的一个定点 P 视为一个质点，车轮的中心 O 也看成一个质点，车轮旋转使得车轮作圆周运动推动汽车向前作平移运动，汽车向前平移过程中，车轮上的质点 P 所处位置在时刻发生变化，本质上是 P 点绕着正在作直线运动的质点 O 旋转的问题。将该情境数学化，质点 P 的纵坐标与旋转角有关，横坐标不仅与旋转角有关，还与汽车的位移有关。由于汽车在不断行驶中，汽车的轮子在不停地旋转，所以汽车轮子上的质点 P 在任意时刻的位置与汽车旋转的圈数有关，换句话说，这里涉及任意角及其三角函数。如果考虑到汽车的倒退，还涉及角的方向，即正负角。

二、新课教学

问题 2　如果轮子的中心不动，当轮子绕着圆心旋转时，圆周上一定点 P 在任意时刻的坐标是什么？

　　滚动的圆周上一质点的轨迹是著名的摆线，摆线的方程是含正弦与余弦、以圆周的旋转角为参数的方程，课堂上围绕着摆线参数方程的建立进而定义正弦与余弦函数对于初学者有相当的难度。可以将问题的难度适当降低,暂不考虑圆心作平移运动,单位圆仅仅绕着圆心作旋转运动,这时圆周上的任一固定点 P 作圆周运动,它呈周期性变化,旋转形成的轨迹是单位圆周,这为下一步研究更复杂的运动打下了基础。由于单位圆在不停地旋转,此时自然遇到了任意角的问题,如何计算圆周旋转若干圈之后 P 点的坐标? 这便出现了任意角的三角函数概念。

问题 3 通过对问题 2 的分析,如何合理地定义任意角的三角函数?

定义任意角的三角函数要抽取与概括任意角中变中不变的本质属性,问题 2 已经给出了定义任意角三角函数所需要的材料、方法与思想,即定义任意角的三角函数需要单位圆、平面直角坐标系、任意角以及角的终边在旋转过程中某些不变的函数关系。

锐角三角函数的本质属性是锐角 α 终边上任意一点坐标的比值,即角不变,坐标的比值就不变。在任意角中也存在角不变,坐标的比值也不变的本质属性。

定义 3.1 在平面直角坐标系中,设 α 的终边上任意一点 P 的坐标是 (x,y),它与原点的距离是 $r(r=\sqrt{x^2+y^2}>0)$。一般地,对任意角 α (图 3.13),有下面的几个值:

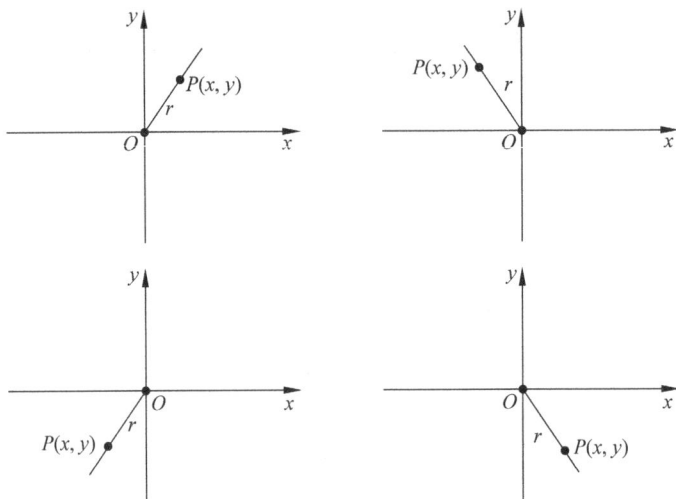

图 3.13

（1）比值 y/r 称作 α 的正弦，记作 $\sin\alpha$，即 $\sin\alpha=\dfrac{y}{r}$；

（2）比值 x/r 称作 α 的余弦，记作 $\cos\alpha$，即 $\cos\alpha=\dfrac{x}{r}$；

（3）比值 $y/x\,(x\neq0)$ 称作 α 的正切，记作 $\tan\alpha$，即 $\tan\alpha=\dfrac{y}{x}$。

对于确定的角 α，比值 $\dfrac{y}{r}$ 和 $\dfrac{x}{r}$ 是唯一确定的，故正弦和余弦都是角 α 的函数。当 $\alpha=k\pi+\dfrac{\pi}{2}\,(k\in\mathbf{Z})$ 时，α 的终边在 y 轴上，故有 $x=0$，这时 $\tan\alpha$ 无意义。除此之外，对于确定的角 $\alpha\left(\alpha\neq k\pi+\dfrac{\pi}{2},k\in\mathbf{Z}\right)$，比值 $\dfrac{y}{x}$ 也是唯一确定的，故正切也是角 α 的函数。$\sin\alpha$，$\cos\alpha$，$\tan\alpha$ 分别称为角 α 的正弦函数、余弦函数、正切函数，以上三种函数都称为三角函数。

问题 4　三角函数的定义域是什么？

由三角函数的定义不难看出，正弦函数、余弦函数的定义域都是整个实数域，但由于正切函数的定义中分母不能为 0，故它的定义域为

$$\left\{\alpha\in\mathbf{R}\,|\,\alpha\neq k\pi+\dfrac{\pi}{2},k\in\mathbf{Z}\right\}$$

问题 5　定义 3.1 中的三角函数值是否随着角的终边上的点到坐标原点的距离变化而变化？如果与终边上的点到坐标原点的距离大小没关系，如何简化任意角三角函数的表示？

观察不难发现，如果把 r 换成常数 1，即 P 点到原点的距离为 1 的时候，正弦和余弦的表达式均得到简化，正切的表达式保持不变，此时

$$\sin\alpha=y,\quad \cos\alpha=x,\quad \tan\alpha=\dfrac{y}{x}(x\neq0)。$$

问题 6　随着角的终边旋转，终边上固定点的轨迹是什么？

角 α 的终边上到原点距离为 1 的点 P 随终边旋转时的轨迹是半径为 1 的圆弧（图 3.14(a)），如果 α 的终边旋转超过一周时，P 点随 α 的终边旋转时形成半径为 1 的圆（图 3.14(b)）。在平面直角坐标系中，称以原点为

圆心,以单位长度为半径的圆为单位圆。利用单位圆可以使得三角函数的
研究更为方便。

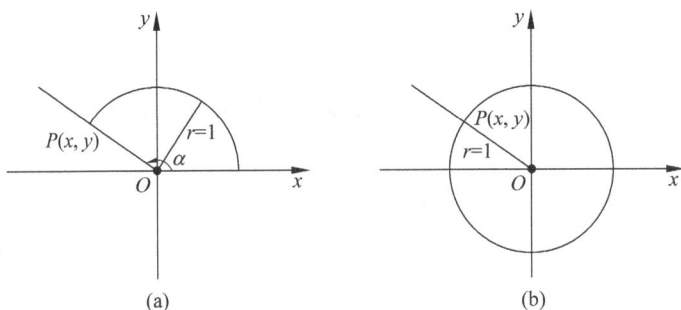

图　3.14

有了任意角的三角函数,就可以研究前面提出的两个有关汽车车轮上
质点的轨迹了。不过在此之前,有必要对三角函数的性质做一番探讨。

问题 7　试从几何的角度观察一下,正弦函数与余弦函数之间有什么
内在关系?

根据三角函数的定义可知

$$\sin^2\alpha + \cos^2\alpha = 1, \qquad \frac{\sin\alpha}{\cos\alpha} = \tan\alpha\left(\alpha \neq k\pi + \frac{\pi}{2}\right)。$$

问题 8　当角的大小发生变化时,三角函数的符号会不会发生变化?
会怎样变化?

这些问题都是相对简单的,可以引导学生自主总结出来。平面直角坐
标系中,$\sin\alpha$,$\cos\alpha$,$\tan\alpha$ 在四个象限的正负情况如图 3.15 所示。

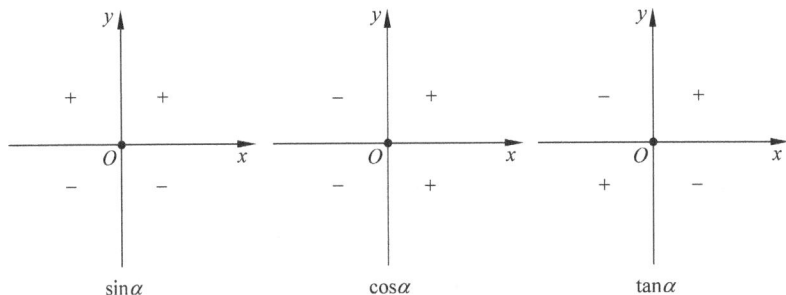

图　3.15

如果用表格表示，$\sin\alpha$，$\cos\alpha$，$\tan\alpha$ 在四个象限的正负情况如表 3.1 所示。

表　3.1

象限 函数	一	二	三	四
$\sin\alpha$	+	+	−	−
$\cos\alpha$	+	−	−	+
$\tan\alpha$	+	−	+	−

>>> **例 1**　已知角 α 的终边上一点坐标为 $(-4,3)$，求角 α 的正弦、余弦和正切值。

根据三角函数定义，便可求出角 α 的正弦、余弦和正切值，即 $r=\sqrt{3^2+(-4)^2}=5$，于是

$$\sin\alpha=\frac{3}{5}, \qquad \cos\alpha=-\frac{4}{5}, \qquad \tan\alpha=-\frac{3}{4}。$$

>>> **例 2**　求 $\frac{4}{3}\pi$ 的正弦、余弦和正切值。

解　在平面直角坐标系中，作 $\angle AOB=\frac{4}{3}\pi$，$\angle AOB$ 的终边 OB 与单位圆的交点坐标为 $\left(-\frac{1}{2},-\frac{\sqrt{3}}{2}\right)$，故

$$\sin\frac{4}{3}\pi=-\frac{\sqrt{3}}{2}; \qquad \cos\frac{4}{3}\pi=-\frac{1}{2}; \qquad \tan\frac{4}{3}\pi=\sqrt{3}。$$

三、课堂总结

基于描述天体及汽车等运动物体规律的需要，出现了任意角的三角函数，三角函数是描述周期性变化规律的有力武器，例如心脏的跳动、水的波动、声音的传播等都可以利用三角函数来描述，可见三角函数无论在数学理论的发展和解决实际问题中均有十分重要的意义。在此基础上发展起来的傅里叶级数与傅里叶分析不仅对数学产生了深远的影响，对自然科学也产生了深远的影响，事实上，这一理论已经成为数学与自然科学中普遍使用的方法。

思考题　假设圆的中心坐标为 $(1,0)$，圆的半径为 1，圆周上一质点 E 的初始位置在坐标原点。当圆周在直线 $y=-1$ 上滚动时，圆心在 x 轴上平移，质点 E 绕着圆心旋转。设质点 E 的坐标为 $E(x,y)$，E 点的坐标与旋转角 α 是什么关系（如图 3.16(a)～图 3.16(c)）？

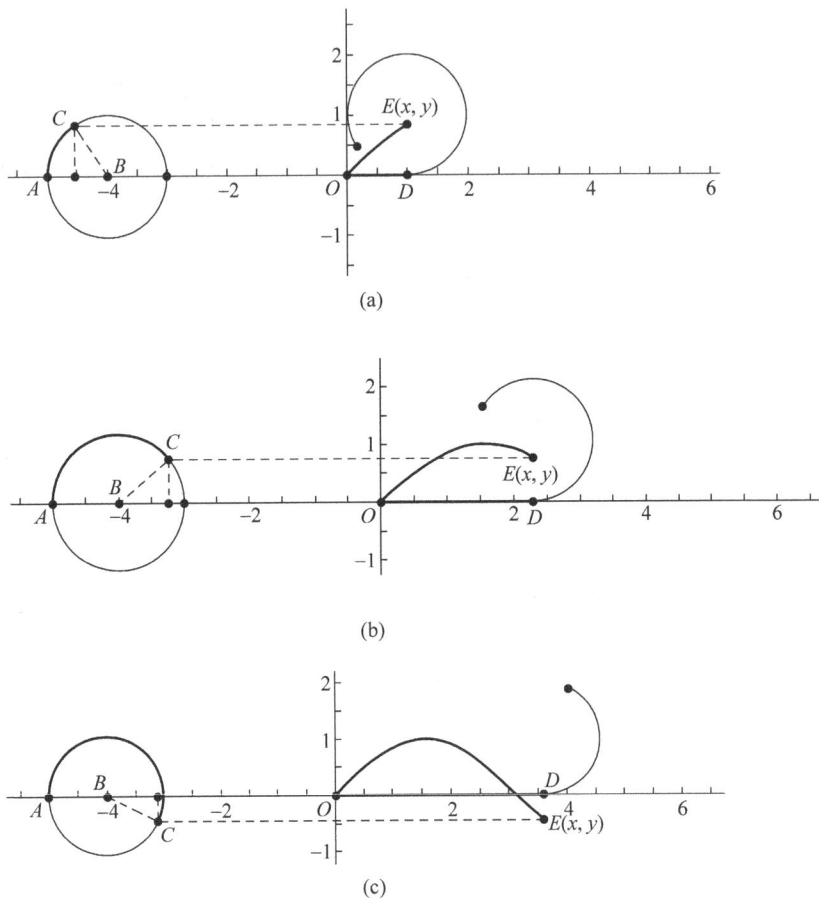

(a)

(b)

(c)

图　3.16

纵坐标的计算不是一件困难的事，学生只要细心分析一下就不难发现 $y=\sin\alpha$，但横坐标的计算既涉及弧长，也涉及角的余弦。由于还没有介绍诱导公式，不妨建议学生先计算旋转角在 0 到 2π 情形时的横坐标，当 α 在 0 到 $\dfrac{\pi}{2}$ 之间变化时，E 点的横坐标不大于圆心的横坐标，当 α 在 $\dfrac{\pi}{2}$ 到 $\dfrac{3}{2}\pi$ 之间变化时,E 点的横坐标不小于圆心的横坐标,当 α 在 $\dfrac{3}{2}\pi$ 到 2π 之间变化时,E 点的横坐标再次比圆心的横坐标小。

案例 5 诱导公式

教学目的:

(1)理解诱导公式产生的数学意义;

(2)掌握诱导公式的推导方法;

(3)会运用诱导公式化简任意角三角函数。

教学重点:掌握诱导公式的推导方法。

教学难点:理解诱导公式产生的数学意义。

教学过程:

以车轮上质点的旋转为背景可以引出任意角的三角函数,它刻画了圆周上一质点在任意时刻所处的位置。由此带来一个自然的问题:如何计算相应位置的三角函数值?"汽车车轮上质点的坐标"仍然可以作为一个合适的问题情境。在解决"汽车车轮上质点坐标"这个问题过程中可以得到任意角三角函数的诱导公式。诱导公式的本质是"揭示了任意角三角函数与锐角三角函数之间的关系",即"任意角的三角函数值可以用 $0°\sim90°$ 以内角的三角函数值求得"。

一、问题引入

问题 1 回顾上一节课的思考题,设滚动的圆周上质点 B 的坐标为 $B(x,y)$,请写出 x,y 与旋转角 α 的关系式。如果旋转角大于 $\dfrac{\pi}{2}$,如何计算 B 点的坐标?

随着圆周的旋转,B 点的轨迹呈周期性变化,如图 3.17。其纵坐标为

$$y = \sin\alpha,$$

横坐标为

$$x = \alpha - \cos\alpha。$$

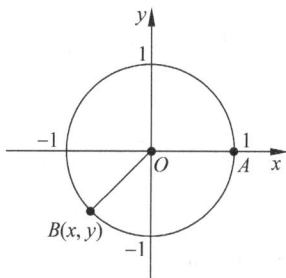

图 3.17

从这个表示式可以看出,关键是如何计算任意角的三角函数。直观地看,当 $\alpha\in[0,2\pi]$,而汽车向前平移了 β,且 $\beta=2k\pi+\alpha$ 时,其对应的纵坐标相等,因此应该有 $\sin(2k\pi+\alpha)=\sin\alpha$。结合相对于车轮中心并绕车轮中心旋转的汽车车轮上质点 B 的坐标看,若 $\alpha\in[0,2\pi]$,当质点 B 旋转了 $\beta=2k\pi+\alpha$ 时,其对应的横坐标、纵坐标相等,可见的确有下面的公式。

诱导公式一

$$\sin(2k\pi+\alpha)=\sin\alpha,$$
$$\cos(2k\pi+\alpha)=\cos\alpha,$$
$$\tan(2k\pi+\alpha)=\tan\alpha,\quad k\in\mathbf{Z}。$$

即终边相同的角的同一三角函数值相等。利用上述公式,可以把求任意角的三角函数值,转化为求 $0\sim2\pi$ 角的三角函数值。在这个诱导公式中,有必要向学生解释清楚,公式中的 α 实际上并不限于 0 到 2π,可以是任意值。

二、新课教学

问题 2　公式一把任意角的三角函数值转化成求 $0\sim2\pi$ 角的三角函数值,因而问题转变成了计算 $0\sim2\pi$ 角的三角函数值,如果角的弧度数介于 $\dfrac{\pi}{2}$ 与 π 之间,如何计算这些角的三角函数值(图 3.18)?

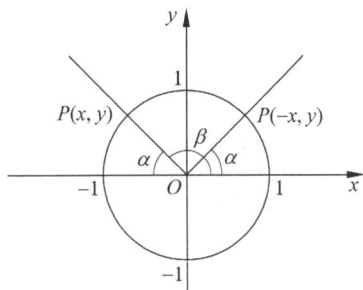

公式一把任意角三角函数转化为 $0\sim2\pi$ 内角的三角函数,任意角三角函数的计算转换成对问题 2 的研究。首先引导学生复习锐角三角比,终边在第一象限的任意角 α 的三角函数值可以直接利用锐角三角比计算。由于任意角的三角函数都是通过角的终边上点的坐标与终边长度(圆的半径)之比或两个坐标之比(正切)定义的,所以可以根据介于 $\pi/2$ 与 π 的角的终边与圆周的交点坐标和相应的锐角终边与圆周交点的坐标之间的关系寻找这些角的三角函数值与锐角三角函数值之间的关系,从而得下面的公式。

图　3.18

诱导公式二

$$\sin\beta = \sin(\pi - \alpha) = \sin\alpha;$$

$$\cos\beta = \cos(\pi - \alpha) = -\cos\alpha;$$

$$\tan\beta = \tan(\pi - \alpha) = -\tan\alpha, \quad \alpha \neq \frac{\pi}{2}.$$

某些教材在获得公式一之后开始研究第三象限角的诱导公式,有些则研究第四象限角的诱导公式,我们不清楚为什么要先跳过第二象限角。如何把角 β 的三角函数值转化成对应锐角 α 的三角函数值? 这是难点,通过两个角的横坐标与纵坐标的比较可以看出它们之间的关系。为进一步获得第三象限与第四象限的三角函数诱导公式,不妨先引导学生总结一下在对问题 2 的分析过程中采取了什么方法,这些方法是否适合其他象限的角?

问题 3　总结一下问题 2 的分析过程,这个过程中利用了什么方法?

由于角 α 关于 y 轴对称的,这个角是 $\pi - \alpha$,利用关于 y 轴的对称性,便可得到它们和单位圆交点的坐标关系,进而就有了它们的三角函数值之间的关系。即:角的关系→对称关系→坐标关系→三角函数值的关系。

问题 3 引导学生作阶段性总结,回顾诱导公式二的发现过程,这个发现过程对后面的研究具有启发和示范作用,学生可以类比这个方法对其他几类情形进行探究。

问题 4　如果 $\beta \in \left(\pi, \frac{3}{2}\pi\right)$,$\beta = \pi + \alpha$,$\alpha$ 的三角函数值与 β 的三角函数值是什么关系(如图 3.19)?

类比问题 3 的分析方法,可得

诱导公式三

$$\sin\beta = \sin(\pi + \alpha) = -\sin\alpha;$$

$$\cos\beta = \cos(\pi + \alpha) = -\cos\alpha;$$

$$\tan\beta = \tan(\pi + \alpha) = \tan\alpha, \quad \alpha \neq \frac{\pi}{2}.$$

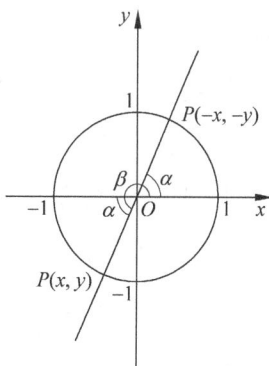

图　3.19

第四象限的角有多种表示方法,既可以写成 $2\pi-\alpha$ 的形式,也可以写成 $-\alpha$ 的形式,还可以写成 $\dfrac{3\pi}{2}+\alpha$ 的形式,不同形式的表示可以得到不同的诱导公式。

问题 5　如果 $\alpha\in\left(0,\dfrac{\pi}{2}\right),\beta=-\alpha,\alpha$ 的三角函数值与 β 的三角函数值是什么关系(如图 3.20)?

有了对问题 3、问题 4 的分析,问题 5 的分析也就不难了。

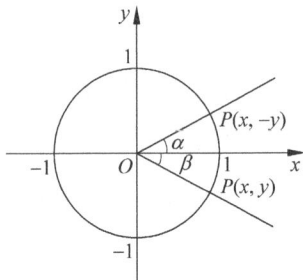

图　3.20

诱导公式四

$$\sin\beta=\sin(-\alpha)=-\sin\alpha;$$
$$\cos\beta=\cos(-\alpha)=\cos\alpha;$$
$$\tan\beta=\tan(-\alpha)=-\tan\alpha。$$

也可以写成

$$\sin(2\pi-\alpha)=\sin[2\pi+(-\alpha)]=\sin(-\alpha)=-\sin\alpha;$$
$$\cos(2\pi-\alpha)=\cos[2\pi+(-\alpha)]=\cos(-\alpha)=\cos\alpha;$$
$$\tan(2\pi-\alpha)=\tan[2\pi+(-\alpha)]=\tan(-\alpha)=-\tan\alpha。$$

关于第三种表示形式 $\dfrac{3\pi}{2}+\alpha$ 则需要利用角的互余关系,可以留待后续讨论。

诱导公式二的形成过程"角的关系→对称关系→坐标关系→三角函数值的关系"具有普适性,它也适用于对第三象限角和第四象限角的研究。只不过不同象限的角与第一象限角的对称关系稍有不同,第二象限角与对应的第一象限角关于 y 轴对称,第三象限角与对应的第一象限角关于坐标原点对称,第四象限角与对应的第一象限角关于 x 轴对称。

问题 6　已知 $\alpha\in\left[0,\dfrac{\pi}{2}\right],\sin\alpha=a$,试计算 $\sin\left(\dfrac{\pi}{2}-\alpha\right)$ 与 $\sin\left(\dfrac{\pi}{2}+\alpha\right)$ 的值。

$\dfrac{\pi}{2}-\alpha$ 位于第一象限,利用 $\dfrac{\pi}{2}-\alpha$ 与 α 互余可知

$$\sin\left(\dfrac{\pi}{2}-\alpha\right)=\cos\alpha,$$

再由

$$\sin^2\alpha+\cos^2\alpha=1,$$

可知

$$\sin\left(\dfrac{\pi}{2}-\alpha\right)=\cos\alpha=\sqrt{1-\sin^2\alpha}=\sqrt{1-a^2}。$$

$\dfrac{\pi}{2}+\alpha$ 位于第二象限,但不等于 $\pi-\alpha$,所以不能利用诱导公式 $\sin(\pi-\alpha)=\sin\alpha$ 来计算。这里的难点是引导学生发现形如 $\dfrac{\pi}{2}+\alpha$ 的角与形如 $\pi-\alpha$ 的角之间的关系,$\dfrac{\pi}{2}+\alpha$ 位于第二象限,第二象限的角都可以写成形如 $\pi-\alpha$ 的形式,想清楚这一点学生自然知道该作如下的变形:

$$\dfrac{\pi}{2}+\alpha=\pi-\left(\dfrac{\pi}{2}-\alpha\right),$$

从而

$$\sin\left(\dfrac{\pi}{2}+\alpha\right)=\sin\left[\pi-\left(\dfrac{\pi}{2}-\alpha\right)\right]=\sin\left(\dfrac{\pi}{2}-\alpha\right)=\cos\alpha=\sqrt{1-\sin^2\alpha},$$

于是

$$\sin\left(\dfrac{\pi}{2}+\alpha\right)=\cos\alpha=\sqrt{1-\sin^2\alpha}=\sqrt{1-a^2}。$$

类似方法可得

$$\cos\left(\dfrac{\pi}{2}-\alpha\right)=\sin\alpha。$$

由于余弦在第二象限为负,故有

$$\cos\left(\dfrac{\pi}{2}+\alpha\right)=-\sin\alpha。$$

问题 7 已知 $\alpha\in\left[0,\dfrac{\pi}{2}\right]$,$\sin\alpha=a$,试计算 $\sin\left(\dfrac{3\pi}{2}+\alpha\right)$ 与

$\cos\left(\dfrac{3\pi}{2}+\alpha\right)$ 的值。

$\dfrac{3\pi}{2}+\alpha$ 位于第四象限,但不是 $-\alpha$ 的形式,不能直接利用前面的诱导公式,问题的关键在于如何将这个角转换成锐角的负角来表示,一般学生可能不容易想到把 $\dfrac{3\pi}{2}+\alpha$ 写成 $2\pi-\left(\dfrac{\pi}{2}-\alpha\right)$ 的形式,可以借助几何直观帮助学生寻找这个关系。有了这个关系,接下来的推导就容易了

$$\sin\left(\dfrac{3\pi}{2}+\alpha\right)=\sin\left[2\pi-\left(\dfrac{\pi}{2}-\alpha\right)\right]=-\sin\left(\dfrac{\pi}{2}-\alpha\right)=-\cos\alpha=-\sqrt{1-a^2}。$$

$$\cos\left(\dfrac{3\pi}{2}+\alpha\right)=\cos\left[2\pi-\left(\dfrac{\pi}{2}-\alpha\right)\right]=\cos\left(\dfrac{\pi}{2}-\alpha\right)=\sin\alpha=a。$$

由正弦与余弦的诱导公式不难得到其他三角函数的诱导公式。

问题 8　假设 $\alpha\in\left[0,\dfrac{\pi}{2}\right]$,$k$ 是任意整数,如何计算 $\beta=\dfrac{k\pi}{2}\pm\alpha$ 的三角函数值?

有前面几组诱导公式做基础,不难得到 $\beta=\dfrac{k\pi}{2}\pm\alpha$ 的诱导公式。事实上,如果 $k=2n$,则 $\beta=n\pi\pm\alpha$,可以利用前面的诱导公式计算。如果 $k=2n+1$,则 $\beta=n\pi+\dfrac{\pi}{2}\pm\alpha$,可以利用诱导公式把 β 的三角函数值转换成 $\dfrac{\pi}{2}\pm\alpha$ 的三角函数值,再利用问题 6 中的诱导公式便可计算。

由于诱导公式比较多,所以在得出这些诱导公式后最好帮助学生做一下小结。同时,有必要强化一下对诱导公式的认识,为什么把这些公式称为诱导公式?它们的意义何在?此外,在实际应用诱导公式的过程中,α 不一定限于锐角,可以是任意角,但应该阐明内在的原因。

>>> 例 1　求下列三角函数值。

(1) $\cos\dfrac{5\pi}{3}$; (2) $\sin 5\pi$; (3) $\tan\left(-\dfrac{\pi}{4}\right)$。

根据诱导公式,可以把任意角的三角函数转化成锐角。

（1）**解法 1** $\cos \dfrac{5\pi}{3} = \cos\left(\pi + \dfrac{2\pi}{3}\right) = -\cos\dfrac{2\pi}{3} = -\cos\left(\pi - \dfrac{\pi}{3}\right) =$

$\cos \dfrac{\pi}{3} = \dfrac{1}{2}$。

解法 2 $\cos \dfrac{5\pi}{3} = \cos\left(2\pi - \dfrac{\pi}{3}\right) = \cos\dfrac{\pi}{3}$。

（2）$\sin 5\pi = \sin(4\pi + \pi) = \sin\pi = 0$。

（3）$\tan\left(-\dfrac{\pi}{4}\right) = -\tan\dfrac{\pi}{4} = -1$。

>>> **例 2**   化简 $\dfrac{\sin(4\pi - \alpha)\cos(3\pi + \alpha)\cos\left(\dfrac{3\pi}{2} + \alpha\right)}{\sin(-\pi - \alpha)}$。

解   原式 $= \dfrac{\sin\alpha(-\cos\alpha)\sin\alpha}{\sin\alpha} = -\sin\alpha\cos\alpha$。

三、课堂总结

为了求解任意角的三角函数值,将任意角三角函数转换成锐角三角函数计算。通过角的关系→对称关系→坐标关系→三角函数值间的关系获得三角函数的诱导公式,使得任意角的三角函数均可以转化为锐角三角函数,利用角的互余关系实现了正弦函数与余弦函数的互化。

案例 6   三角函数几何定义

教学目的:理解三角函数的几何意义,体会数形结合思想。

教学重点:运用三角函数线定义三角函数。

教学难点:三角函数的数形结合思想。

教学过程:

一、问题引入

问题 1   回顾一下任意角三角函数的定义,为什么三角函数值会出现正负?为什么锐角三角函数值始终是正的?

通过问题 1 的分析引导学生搞清楚任意角三角函数值的符号取决于角的终边与圆周交点坐标分量的符号。

二、新课教学

问题 2　回顾一下初中定义直角三角形锐角的三角比采用的是什么方法？锐角三角比与锐角三角函数的定义除了使用了不同的角度制还有什么不同？

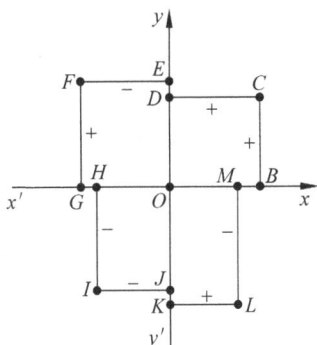

图　3.21

锐角三角比使用的是线段的长度之比,三角函数使用的则是角的终边与圆的交点坐标分量及圆的半径之比,前者基于几何方法,后者则是基于代数方法,通过对这个问题的分析为后面用有向线段定义任意角的三角函数做好准备。

问题 3　任意角三角函数的代数定义涉及点的坐标,而点的坐标有正负之分,从几何直观看,这些坐标分量绝对值与线段长度有什么关系？如果考虑有向线段,那么坐标的正负与线段的方向有什么关系？

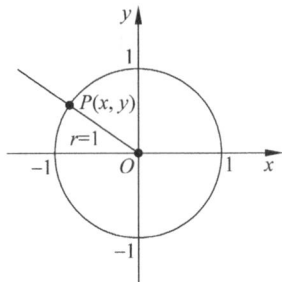

图　3.22

在平面直角坐标系中,规定与 x 轴正向相同的有向线段为正,与 x 轴负向相同的有向线段为负,如图 3.22 所示,线段 $\overrightarrow{OB}$、$\overrightarrow{DC}$、$\overrightarrow{KL}$ 为正,线段 $\overrightarrow{OH}$、$\overrightarrow{EF}$、$\overrightarrow{JI}$ 为负。与 y 轴正向相同的有向线段为正,与 y 轴负向相同的有向线段为负,例如 $\overrightarrow{OD}$,$\overrightarrow{OE}$、$\overrightarrow{BC}$、$\overrightarrow{GF}$ 等都是正,$\overrightarrow{OJ}$、$\overrightarrow{OK}$、$\overrightarrow{HI}$、$\overrightarrow{ML}$ 等都为负。这些线段都是有长度有方向的量,称为有向线段。

通过对这个问题的分析为后面探讨三角函数的作图方法做好准备。

问题 4　通过对问题 3 的分析,如何利用有向线段定义任意角的三角函数？

如图 3.23 所示,在单位圆中,根据任意角三角函数的代数定义,得

$$\sin\angle AOE = \overrightarrow{DE};\qquad \cos\angle AOE = \overrightarrow{OD};\qquad \tan\angle AOE = \overrightarrow{AB}。$$

称有向线段 $\overrightarrow{DE}$,$\overrightarrow{OD}$,$\overrightarrow{AB}$ 分别为 $\angle AOE$ 的正弦线、余弦线和正切线,并把它们统称为三角函数线。

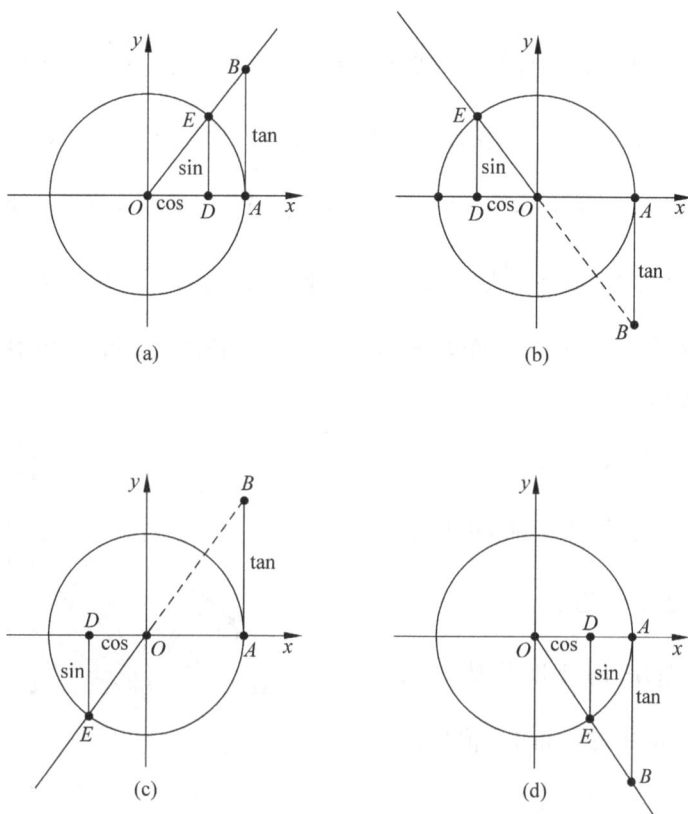

图 3.23

问题 5 随着角的旋转,三角函数值会怎样变化? 三角函数线的方向会发生什么变化?

如图 3.24 所示,不难看出当 $\angle AOP$ 的弧度数从 0 增加至 $\frac{\pi}{2}$ 时,正弦线与余弦线均为正向,且

$\sin\angle AOP$ 从 0 单调递增到 1,

$\cos\angle AOP$ 从 1 单调递减到 0。

当 $\angle AOP$ 的弧度数从 $\frac{\pi}{2}$ 增加至 π 时,正弦线为正向,余弦线为负

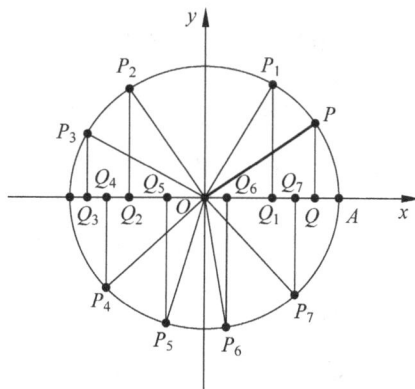

图 3.24

向,且

$\sin\angle AOP$ 从 1 单调递减到 0,$\cos\angle AOP$ 从 0 单调递减到 -1。

当 $\angle AOP$ 的弧度数从 π 增加至 $\dfrac{3\pi}{2}$ 时,正弦线与余弦线均为负向,且

$\sin\angle AOP$ 从 0 单调递减到 -1,　　$\cos\angle AOP$ 从 -1 单调递增到 0。

当 $\angle AOP$ 的弧度数从 $\dfrac{3\pi}{2}$ 增加至 2π 时,正弦线为负向,余弦线为正向,且

$\sin\angle AOP$ 从 -1 单调递增到 0,　　$\cos\angle AOP$ 从 0 单调递增到 1。

如图 3.25 所示:

当 $\angle AOP$ 的弧度数从 0 增加至 $\dfrac{\pi}{2}$ 时,正切线为正向,正切值从 0 单调递增并趋于 $+\infty$;

当 $\angle AOP$ 的弧度数从 $\dfrac{\pi}{2}$ 增加至 π 时,正切线为负向,正切值从 $-\infty$ 单调递增到 0;

当 $\angle AOP$ 的弧度数从 π 增加至 $\dfrac{3\pi}{2}$ 时,正切线为正向,正切值从 0 单调递增并趋于 $+\infty$;

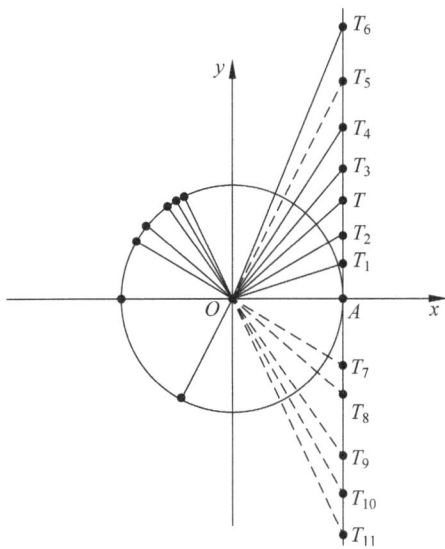

图　3.25

当 $\angle AOP$ 的弧度数从 $\dfrac{3\pi}{2}$ 增加至 2π 时,正切线为负向,正切值从 $-\infty$ 单调递增到 0。

需要注意的是,在研究正切函数的时候,$\angle AOP$ 的终边不能落在 y 轴上,即 $\angle AOP$ 的弧度数不能为 $\dfrac{\pi}{2}$ 或 $\dfrac{3\pi}{2}$。

三、课堂总结

任意角三角函数的代数定义是以角的终边上点的坐标之比为基础建立的,但这个定义不便于函数作图,事实上,对于一般的角来说,很难精确

计算出对应的三角函数值,例如我们虽然知道 $\sin \dfrac{\pi}{3} = \dfrac{\sqrt{3}}{2}$,却无法计算出它的精确值,然而如果利用三角函数线,则无须知道三角函数的具体数值便可以作出任意角所对应的函数线,由此可以比较方便地作出三角函数的图像。

四、课后思考

思考题 为什么要研究三角函数线?如何通过三角函数线作出三角函数的图像?

◀ 案例7 **正弦函数、余弦函数的图像**

教学目的:

(1)能利用单位圆中的正、余弦线画出正、余弦函数的图像;

(2)能利用正弦函数图像画出余弦函数的图像;

(3)掌握正弦函数与余弦函数的定义域、值域、最值、周期性、奇偶性及其意义。

教学重点:通过观察正弦、余弦函数的图像研究正弦、余弦函数的性质。

教学难点:二角函数线及正弦、余弦函数的作图。

教学过程:

一、问题引入

问题1 函数的表示方法有哪些?为什么要研究函数的图像?三角函数用描点法作图的难点是什么?

函数的表示方法主要有三种:解析法、图像法和列表法。对于可以写出解析式的函数,在研究这类函数时,往往先画出这类函数的图像,通过观察函数图像来把握函数的相关性质。例如,前期已经学过的一次函数、反比例函数、指数函数、对数函数等一系列函数,可以通过研究它的解析式了解这些函数的性质,特别是可以利用导数来研究它们。如果了解了一个函数的图像,则可以通过图像更直观地观察函数的变化规律,有些函数可以通过对其性质的研究最终采用描点法画出它们的图像,也有些函数可以利用其变化规律画出其图像帮助研究其性质。例如,三角函数便可以通过其几何特征画出它们的图像。由于三角函数是周期函数,所以只要搞清楚一个周期内的图像,整个定义域上的图像可以通过平移得到。

虽然一般的函数作图基本步骤为:计算特殊点处的函数值、列表、描点、连线,但对于具体的函数来说,可能由于其函数值计算的复杂性使得描点法缺少实际的可操作性。例如,三角函数值的计算便是个比较复杂的问题,通过三角函数表查到的函数值多是近似的。通过三角函数的图像还可以让学生体会到弧度制的好处,如果采用角度制,度量的不统一将给作图带来麻烦。通过单位圆的圆心角的弧度数与弧长的对应进而与实轴上的点对应便可以方便地作出三角函数的图像。

二、新课教学

问题 2 在作一次函数、反比例函数、指数函数、对数函数的图像时,采用的是给定自变量一些值,计算相应的函数值,然后将这些点用光滑曲线连起来就得到这些函数的大概图像了。正弦函数、余弦函数也可以采用类似方法作图吗? 有没有更好的方法?

如果给出自变量的一些特殊值,的确可以直接计算出它们的三角函数值,但可以直接计算出来的三角函数值只有 $\frac{\pi}{6},\frac{\pi}{4},\frac{\pi}{3},\pi$ 等特殊值,这些特殊值比较少,不足以描述出三角函数的大概形状,所以从几何上寻找更合适的方法就显得很必要了。

问题 3 在单位圆中,对于任意给定的圆心角,如何作出对应的正弦线、余弦弦? 这些正弦线、余弦线与这些函数图像上的点之间是什么关系?

由前面关于正弦线、余弦线与三角函数值之间关系的讨论不难看出,三角函数线实际上就是自变量对应的函数值的大小,只要将三角函数线平移到自变量在 x 轴上对应的点处便可以得到其函数值了,并不需要进行实际的计算(如图 3.26 所示)。

从上述图形可以看出,只需要选择合适的圆心角 α,并找出该弧度数在 x 轴上对应的点 $x=\alpha$,作出该圆心角对应的正弦线 $\overrightarrow{BP}$,将其平移到

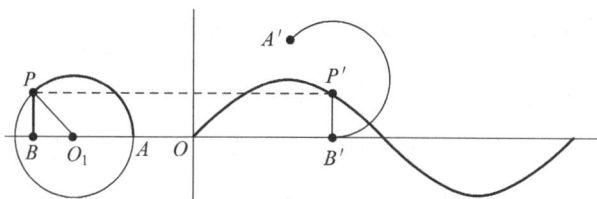

图　3.26

x 轴上的点 x 处得 $\overrightarrow{B'P'}$，B' 处的纵坐标就是正弦函数在 x 处的函数值，这时并不需要知道具体的函数值是什么。

问题 4　余弦函数的图像也可以仿照正弦函数的图像作出来吗？

在单位圆中，圆心角 α 对应的余弦线在 x 轴上，显然不可能像平移正弦线那样将余弦线平移 $x＝\alpha$ 处。如果 α 是锐角，学生或许能想到利用角的互余关系将余弦转换成正弦，即

$$\cos\alpha = \sin\left(\frac{\pi}{2} - \alpha\right),$$

但对于一般的角 α，学生可能想不到这种关系，课堂上可以引导学生通过几何图形分析一下对一般的 α 这个关系依然成立。但是在上述恒等式中出现了 $-\alpha$，这就给作图带来了困难。除了上述关系，正弦函数与余弦函数之间还有一个关系

$$\cos\alpha = \sin\left(\frac{\pi}{2} + \alpha\right),$$

由这个关系可以看出，只需要将正弦函数的图像向左平移 $\frac{\pi}{2}$ 个单位便可以得到余弦函数的图像。

当然，还有一种办法，将圆心角 α 的余弦线按照正负向旋转 $\frac{\pi}{2}$ 再平移到 $x＝\alpha$ 处也可以得到余弦函数的图像，但远没有利用上述恒等式将余弦转换成正弦方便。

如果采用描点法作图，可以选取一些容易计算出来的特殊值，例如 x 可以分别取 $0, \frac{\pi}{6}, \frac{\pi}{4}, \frac{\pi}{3}, \frac{\pi}{2}$，这些点处的三角函数值是容易计算的，将这些

点用光滑的线连接起来便可以得到三角函数在 $\left[0,\dfrac{\pi}{2}\right]$ 上的图像,再根据对称关系便可以作出区间 $[0,2\pi]$ 上的图像。

问题 5　如何作出正弦函数与余弦函数在整个定义域上的图像?

利用函数的周期性,将 $[0,2\pi]$ 上的图像向 x 轴的左右两个方向平移便可以得到整个定义域上的图像(如图 3.27 所示)。

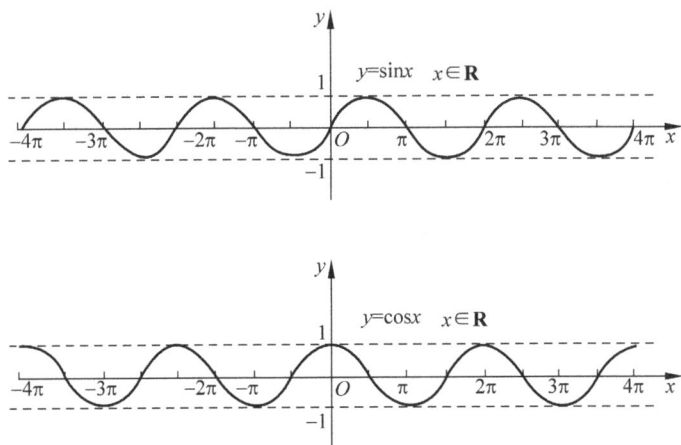

图　3.27

问题 6　函数的图像通常称为什么?如何类比一般函数的图像给正弦函数与余弦函数的图像取个合适的名字?

学生已经知道函数的图像通常称为函数曲线,所以想到正弦曲线、余弦曲线等概念应该不是一件太困难的事情。

定义 3.2　正弦函数的图像称为正弦曲线,余弦函数的图像称为余弦曲线。

问题 7　根据前面的讨论,能否看出正弦函数与余弦函数都有哪些基本性质?

所谓函数的性质无非指定义域、值域、单调性、奇偶性、周期性等,有了前面的讨论,学生不难归纳出这些性质。

(1) **定义域**　正弦函数的定义域为 **R**;

(2) **值域**　正弦函数的值域为 $[-1,1]$;

（3）**单调性**　正弦函数在 $\left[2k\pi-\dfrac{\pi}{2},2k\pi+\dfrac{\pi}{2}\right]$ $(k\in\mathbf{Z})$ 上单调递增，函数值由 -1 递增到 1，在 $\left[2k\pi+\dfrac{\pi}{2},2k\pi+\dfrac{3\pi}{2}\right]$ $(k\in\mathbf{Z})$ 上单调递减，函数值由 1 递减到 -1；

（4）**奇偶性**　正弦函数是奇函数，其图像关于坐标原点对称；

（5）**周期性**　从正弦函数图像可以看出，每经过 2π 长度，图像就重复变化一次，或者每经过 4π 长度，图像也重复变化一次，以此类推，每经过 $2k\pi(k\in\mathbf{Z})$ 长度，图像就重复变化一次。由此得到，$2k\pi(k\in\mathbf{Z},$ $k\neq0)$ 是正弦函数的周期，这也可以通过诱导公式 $\sin(x+2k\pi)=\sin x$ $(k\in\mathbf{Z})$ 看出。称这类具有周期变化的函数为周期函数，$2k\pi(k\in\mathbf{Z},$ $k\neq0)$ 称为它的周期。由 $2k\pi(k\in\mathbf{Z},k\neq0)$ 是正弦函数的周期可以看到，周期函数的周期有很多，如果这些周期中存在一个最小的正数，则称这个最小的正数为函数的最小正周期，在不至于引起混淆的情况下，也把最小正周期称为周期，所以，我们说正弦函数的周期通常指最小正周期 2π。

问题 8　余弦函数与正弦函数的性质有什么异同？

由于余弦曲线可以由正弦曲线经过平移得到，并且 $\cos(-x)=\cos x$，由此不难得到余弦函数的性质。

定义域　余弦函数的定义域为 $\mathbf{R}$；

值域　余弦函数的值域为 $[-1,1]$；

单调性　余弦函数在 $[2k\pi,2k\pi+\pi]$ $(k\in\mathbf{Z})$ 上单调递减，在 $[(2k-1)\pi,$ $2k\pi]$ $(k\in\mathbf{Z})$ 上单调递增；

奇偶性　余弦函数是偶函数，其图像关于 y 轴对称；

周期性　余弦函数是周期函数，其周期是 $2k\pi(k\in\mathbf{Z},k\neq0)$，最小正周期是 2π。

>>> 例 1　作下列函数的图像：

（1）$y=2-\sin x$；（2）$y=3+\cos x$。

三、课堂总结

正弦函数与余弦函数不需要通过计算函数值的方法作图,利用三角函数线便可以方便地作出它们的图像。这些函数具有很好的性质,其定义域、值域、单调区间、奇偶性以及周期性都是很清楚的。由于对正弦函数、余弦函数的性质有了比较清楚的了解,所以在作与这两类函数相关的函数图像时可以采用"五点作图法"。例如,可以选择 $0,\dfrac{\pi}{2},\pi,\dfrac{3\pi}{2},2\pi$ 这五个特殊的点,计算出相应的正弦函数值,再根据正弦函数的性质用光滑的曲线将这五个点连接起来就可以得到正弦函数在 $[0,2\pi]$ 上的图像了。

思考题   试作出下列函数的图像

$$y = 2\sin(x + \pi)。$$

与标准的正弦函数不同的是,这个函数的振幅为 2,还涉及图像的平移,学生只要搞清楚这个函数的图像与标准正弦函数 $y = \sin x$ 图像之间的关系便不难作出它的图像。这为后面讨论更一般函数 $y = A\sin(\omega x + \varphi)$ 的图像提供了初步体验。

◄ **案例 8**   **正切函数的图像与性质**

教学目的:

(1) 会利用正切函数线画出正切函数的图像;

(2) 借助图像理解正切函数的性质(如单调性、最大和最小值、图像与 x 轴交点等)。

教学重点:理解并掌握正切函数的性质并解题。

教学难点:正切函数的性质。

教学过程:

一、问题引入

问题 1   正切函数与正弦函数、余弦函数的性质有什么不同?

相比于正弦函数及余弦函数,正切函数的性质要复杂一些,例如,正切函数并非定义在整个实数域上,这从正切函数与正弦函数及余弦函数的关系不难看出来。正切函数还是无界函数,这一特征也不难从它与正弦函数、余弦函数的关系看出来。但是在没有学习微积分的情况下,学生很难通过函数的结构看清正切函数的变化规律,尤其是在 $k\pi+\dfrac{\pi}{2}(k\in\mathbf{Z})$ 附近以及 $k\pi$ 附近的变化规律,这就导出了正切函数的作图问题。

二、新课教学

问题 2 回顾正切函数线的定义,能不能类似正弦函数图像的作图方法利用正切函数线作出正切函数的图像?

正切函数的图像采用取特殊点的办法不容易准确画出其图像的变化规律,特别在 0 点附近曲线的凹凸性发生了变化,接近 $-\dfrac{\pi}{2}$ 或 $\dfrac{\pi}{2}$ 时,曲线向无穷远延伸,这些性质通过选取有限个特殊点的办法是很难反映出来的。采用正切函数线不仅不需要计算具体的函数值,而且可以选择更多的角(如图 3.28 所示)。

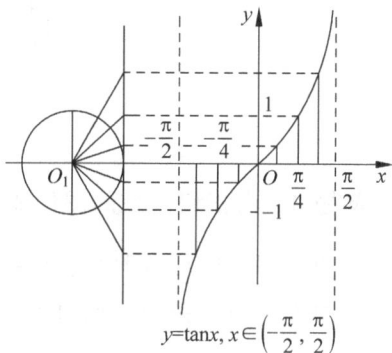

$y=\tan x, x\in\left(-\dfrac{\pi}{2},\dfrac{\pi}{2}\right)$

图 3.28

可以首先引导学生自己动手建立平面直角坐标系,画单位圆与正切线,类似于正弦函数图像的作法可以得到正切函数的大致图像。然后教师运用几何画板作出相对准确的正切函数图像,两者比较可以加深对正切函数图像的了解。

问题 3 正切函数的定义域是什么?它是周期函数吗?最小正周期是多少?如何作出它在整个定义域上的图像?

根据前面的分析,不难看出正切函数的定义域及值域分别为

定义域 $\left\{x\,|\,x\in\mathbf{R}\ 且\ x\neq\dfrac{\pi}{2}+k\pi,k\in\mathbf{Z}\right\}$;

值域 实数集 $\mathbf{R}$;

最小正周期 π。学生也许容易想当然地根据正弦函数、余弦函数的周期认为正切函数的最小正周期也为 2π。结合前面的诱导公式及正切函

数的定义域不难搞清楚这个问题。

了解了正切函数的定义域及周期之后,将问题 2 中所作的图像平移便可以得到整个定义域上的图像(如图 3.29 所示)。

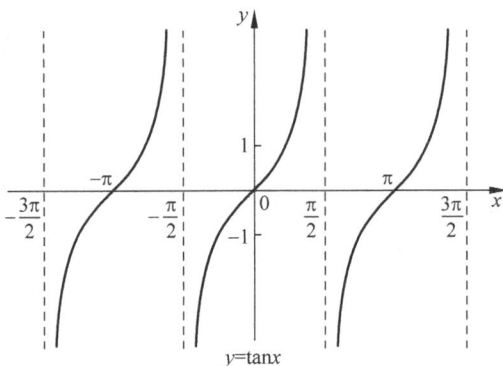

图　3.29

问题 4 由正切函数的图像能看出正切函数的哪些性质?

正切函数不仅是周期函数,还有奇偶性、单调性。

奇偶性 图像关于原点对称,是奇函数,最好结合诱导公式说明这个性质。

单调性 正切函数在每个区间 $\left(k\pi-\dfrac{\pi}{2},k\pi+\dfrac{\pi}{2}\right)(k\in \mathbf{Z})$ 上都是单调递增的。

>>> 例 1 求下列函数的定义域,并讨论其奇偶性:

(1) $y=\tan 5x$; (2) $y=\dfrac{\tan x}{\tan 2x}$。

三、课堂练习

略。

◀ **案例 9** **三角函数的周期性**

教学目的:

(1) 了解周期函数的概念;

(2) 会判断函数的周期性,并会求简单三角函数的周期。

教学重点：会判断函数的周期性,并会求简单三角函数的周期。

教学难点：三角函数周期的计算。

教学过程：

一、问题引入

问题 1　我们已经知道三角函数是周期函数,但三角函数的形式不一定都是形如 $y=\sin x$,$y=\cos x$,$y=\tan x$ 的形式,有可能是这些函数经过四则运算得到的,自变量的系数也可能会发生变化,如何判断它们的周期性并计算其周期?

在前一个案例中已经见过诸如 $y=\tan 5x$ 的函数,在介绍这类函数的周期之前有必要解释清楚自变量的系数意味着什么? 它的实际背景是什么,这对于以后的应用至关重要。事实上,自然界的很多现象正是由不同频率的波形叠加起来的,利用它们不仅可以描述自然界的复杂现象,还可以模仿这些复杂现象。例如,声音就是各种不同频率的正弦波(正弦函数)与余弦波(余弦函数)的叠加。在进一步讨论之前,最好科普式地解释一下周期与频率的关系及其意义。从物理上看,所谓周期指的是在"周而复始"重复出现的运动中完成一次运动所需的时间,频率则是指单位时间内完成周期性变化的次数,由此可见,两者是倒数关系。在音乐中,高音振幅小频率高,低音振幅大频率低,听起来比较尖细、有金属感的声音属于高音,比较粗厚、有轰鸣感的声音属于低音。

二、新课教学

>>> **例 1**　求下列三角函数的周期:

(1) $y=\sin 2x$;(2) $y=\sin 5x$;(3) $y=\sin \dfrac{1}{3}x$;

(4) $y=\sin \omega x$;(5) $y=\sin(\omega x+\varphi)$;(6) $y=A\sin \omega x$。

解　(1) 将 $2x$ 看成变量 $z=2x$。由 $\sin x$ 的最小正周期是 2π 可知当 z 增加到 $z+2\pi$ 时,函数 $y=\sin z$ 的值重复出现,而 $z+2\pi=2x+2\pi=2(x+\pi)$,所以当自变量 x 增加到 $x+\pi$ 时,函数值重复出现,因此 $y=\sin 2x$ 的周期是 π。

（2）将 $5x$ 看成变量 $z=5x$，由 $\sin x$ 的最小正周期是 2π 可知当 z 增加到 $z+2\pi$ 时，函数 $y=\sin z$ 的值重复出现。而 $z+2\pi=5x+2\pi=5\left(x+\dfrac{2}{5}\pi\right)$，所以当自变量 x 增加到 $x+\dfrac{2}{5}\pi$ 时，函数值重复出现，因此 $y=\sin 5x$ 的周期是 $\dfrac{2}{5}\pi$。

（3）将 $\dfrac{1}{3}x$ 看成变量 $z=\dfrac{1}{3}x$，由 $\sin x$ 的最小正周期是 2π 可知当 z 增加到 $z+2\pi$ 时，函数 $y=\sin z$ 的值重复出现。而 $z+2\pi=\dfrac{1}{3}x+2\pi=\dfrac{1}{3}\left(x+\dfrac{2}{3}\pi\right)$，所以当自变量 x 增加到 $x+\dfrac{2}{3}\pi$ 时，函数值重复出现，因此 $y=\sin\dfrac{1}{3}x$ 的周期是 $\dfrac{2}{3}\pi$。

（4）将 ωx 看成变量 $z=\omega x$，由 $\sin x$ 的最小正周期是 2π 可知当 z 增加到 $z+2\pi$ 时，函数 $y=\sin z$ 的值重复出现，而 $z+2\pi=\omega x+2\pi=\omega\left(x+\dfrac{2}{\omega}\pi\right)$，所以当自变量 x 增加到 $x+\dfrac{2}{\omega}\pi$ 时，函数值重复出现，因此 $y=\sin\omega x$ 的最小正周期是 $\dfrac{2\pi}{|\omega|}$。

（5）将 $\omega x+\varphi$ 看成变量 $z=\omega x+\varphi$，由 $\sin x$ 的最小正周期是 2π 可知当 z 增加到 $z+2\pi$ 时，函数 $y=\sin z$ 的值重复出现，而 $z+2\pi=\omega x+\varphi+2\pi=\omega\left(x+\dfrac{2}{\omega}\pi\right)+\varphi$，所以当自变量 x 增加到 $x+\dfrac{2}{\omega}\pi$ 且必须增加到 $x+\dfrac{2}{\omega}\pi$ 时，函数值重复出现，因此 $y=\sin(\omega x+\varphi)$ 的最小正周期是 $\dfrac{2\pi}{|\omega|}$。

（6）类似（4）将 ωx 看成变量 $z=\omega x$，由 $\sin x$ 的最小正周期是 2π 可知当 z 增加到 $z+2\pi$ 时，函数 $y=A\sin z$ 的值重复出现，而 $z+2\pi=\omega x+2\pi=\omega\left(x+\dfrac{2}{\omega}\pi\right)$，所以当自变量 x 增加到 $x+\dfrac{2}{\omega}\pi$ 时，函数值重复出现，因此

$y = A\sin\omega x$ 的最小正周期是 $\dfrac{2\pi}{|\omega|}$。

问题 2　根据例 1 中各个函数周期的计算,如何计算函数 $y = A\sin(\omega x + \varphi)$ 的最小正周期?

例 1 中各个问题的解法都是类似的,不难看出这个方法同样适用于更一般的函数 $y = A\sin(\omega x + \varphi)$,如果记该函数的最小正周期为 T,则 $T = \dfrac{2\pi}{|\omega|}$。

问题 3　能否用 $y = A\sin(\omega x + \varphi)$(其中 A,ω,φ 为常数,且 $A \neq 0$,$x \in \mathbf{R}$)的周期计算方法求出 $y = A\cos(\omega x + \varphi)$(其中 A,ω,φ 为常数,且 $A \neq 0$,$x \in \mathbf{R}$)的最小正周期 T?

经历了函数 $y = A\sin(\omega x + \varphi)$ 的周期计算,学生应该很容易用类似的方法计算出函数 $y = A\cos(\omega x + \varphi)$(其中 A,ω,φ 为常数,且 $A \neq 0$,$x \in \mathbf{R}$)的最小正周期为 $T = \dfrac{2\pi}{|\omega|}$。

问题 4　$y = A\sin(\omega x + \varphi)$ 与 $y = A\cos(\omega x + \varphi)$(其中 A,ω,φ 为常数,且 $A \neq 0$,$x \in \mathbf{R}$)的周期计算方法是否适用于函数 $y = A\tan(\omega x + \varphi)$(其中 A、ω、φ 为常数,且 $A \neq 0$,$x \in \mathbf{R}$)? 这个函数的最小正周期是什么?

不难得知,$y = A\tan(\omega x + \varphi)$(其中 A,ω,φ 为常数,且 $A \neq 0$,$x \in \mathbf{R}$)最小正周期为 $T = \dfrac{\pi}{|\omega|}$。

>>> 例 2　求下列函数的周期:

(1) $y = 5\sin\left(2x - \dfrac{2}{3}\right)$; (2) $y = -\dfrac{1}{2}\cos(-5x + 6)$; (3) $y = 3\tan 3x$。

三、课堂练习

略。

案例 10　**函数 $y = A\sin(\omega x + \varphi)$ 的图像**

教学目的:(1) 清楚 A,ω,φ 对函数图像的影响;

(2) 会运用图像变换规律画出函数 $y = A\sin(\omega x + \varphi)$ 的图像。

教学重点：探索 A,ω,φ 对函数图像的影响,了解数乘、平移等变换与三角函数图像的关系。

教学难点：体会三角函数图像中的化归思想。

教学过程：

一、问题引入

问题 1　回顾前一节课对函数 $y=A\sin(\omega x+\varphi)$ 与 $y=A\cos(\omega x+\varphi)$ 的研究,这些函数的图像分别与 $y=\sin x,y=\cos x$ 的图像是什么关系?它们的性质有什么不同?

由于前面已经对一般函数 $y=A\sin(\omega x+\varphi)$ 与 $y=A\cos(\omega x+\varphi)$ 的图像以及与 $y=\sin x$ 及 $y=\cos x$ 之间的关系做了比较充分的讨论,学生不难通过 $y=\sin x$ 及 $y=\cos x$ 的图像与性质了解 $y=A\sin(\omega x+\varphi)$ 与 $y=A\cos(\omega x+\varphi)$ 的基本性质,通过图像之间关系的直观分析进而研究这些函数的作图问题。

二、新课教学

问题 2　如何作函数 $y=A\sin(\omega x+\varphi)$ 与 $y=A\cos(\omega x+\varphi)$ 的图像?

函数 $y=A\sin(\omega x+\varphi)$ 与 $y=A\cos(\omega x+\varphi)$ 的图像可以通过对正弦函数与余弦函数的图像作伸缩、平移变换得到。可以先研究 $y=A\sin x$ 的图像,如果 $A>0$,则 $y=A\sin x$ 的图像相当于将 $y=\sin x$ 的图像纵向伸缩 A 倍,如果 $A<0$,则 $y=A\sin x$ 的图像不仅将 $y=\sin x$ 的图像纵向伸缩了 $|A|$ 倍,而且还以 x 轴为对称轴进行了 $180°$ 的翻转,通过五点作图法可以大致描绘出它的图像。在此基础上再研究 $y=A\sin\omega x$ 的图像,它相当于将 $y=A\sin x$ 的图像横向伸缩了 $\dfrac{1}{|\omega|}$ 倍,一般情况下,ω 是正数,它表示频率,如果为负,则可以利用诱导公式将符号提取到正弦函数符号外部。最后再将 $y=A\sin\omega x$ 的图像平移 $\left|\dfrac{\varphi}{\omega}\right|$ 单位就得到 $y=A\sin(\omega x+\varphi)$ 的图像了,至于向左还是向右平移则视 $\dfrac{\varphi}{\omega}$ 的符号而定。实际教学过程中可以通过下面几个例子分情形讨论,最后再对一般情形进行归纳总结。

>>> **例1** 作函数 $y=2\sin x$ 与 $y=\dfrac{1}{2}\sin x$ 的简图。

解 函数 $y=2\sin x$ 与 $y=\dfrac{1}{2}\sin x$ 的周期均是 2π，先画出一个周期 $[0,2\pi]$ 内的图像，再把图像平移，就可以得到整个定义域上的图像。运用五点作图法作出 $y=2\sin x$ 与 $y=\dfrac{1}{2}\sin x$ 在 $x\in[0,2\pi]$ 上的简表。

x	0	$\dfrac{\pi}{2}$	π	$\dfrac{3\pi}{2}$	2π
$\sin x$	0	1	0	-1	0
$2\sin x$	0	2	0	-2	0
$\dfrac{1}{2}\sin x$	0	$\dfrac{1}{2}$	0	$-\dfrac{1}{2}$	0

描点可得 $y=\sin x$，$y=2\sin x$ 与 $y=\dfrac{1}{2}\sin x$ 在 $[0,2\pi]$ 上的简图(图 3.30)。

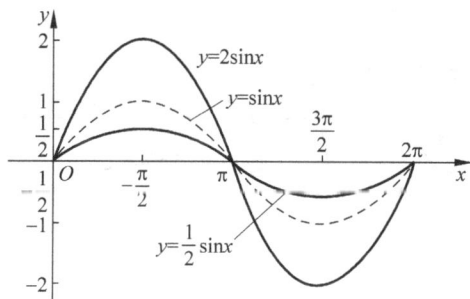

图 3.30

利用这些函数的周期性，把上述简图向左、向右平移，即可得到函数 $y=2\sin x$ 与 $y=\dfrac{1}{2}\sin x$ 在其定义域上的简图。

>>> **例2** 作函数 $y=\sin 2x$ 与 $y=\sin\dfrac{1}{2}x$ 的简图。

解 函数 $y=\sin 2x$ 的周期为 $T=\dfrac{2\pi}{2}=\pi$，因此首先作自变量 $x\in[0,\pi]$ 时函数的简图。这时自变量的五个特殊点不再是 $0,\dfrac{\pi}{2},\pi,\dfrac{3\pi}{2},2\pi$，而应令

$z = 2x$，当 z 取 $0, \dfrac{\pi}{2}, \pi, \dfrac{3\pi}{2}, 2\pi$ 时，对应的 x 取 $0, \dfrac{\pi}{4}, \dfrac{\pi}{2}, \dfrac{3\pi}{4}, \pi$，列表得

x	0	$\dfrac{\pi}{4}$	$\dfrac{\pi}{2}$	$\dfrac{3\pi}{4}$	π
$2x$	0	$\dfrac{\pi}{2}$	π	$\dfrac{3\pi}{2}$	2π
$\sin 2x$	0	1	0	-1	0

同理可得，函数 $y = \sin \dfrac{1}{2}x$ 的图像上对应的特殊点列表如下：

x	0	π	2π	3π	4π
$\dfrac{1}{2}\pi$	0	$\dfrac{\pi}{2}$	π	$\dfrac{3\pi}{2}$	2π
$\sin \dfrac{1}{2}x$	0	1	0	-1	0

利用五点作图法便可得它们的简图（如图 3.31 所示）。

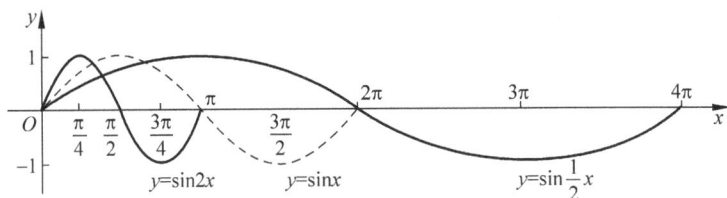

图 3.31

利用这类函数的周期性，把上述简图向左、向右扩展，即可得到 $y = \sin 2x$ 与 $y = \sin \dfrac{1}{2}x$ 的简图。

>>> 例 3　作函数 $y = \sin\left(x + \dfrac{\pi}{3}\right)$ 和 $y = \sin\left(x - \dfrac{\pi}{4}\right)$ 的图像。

解　函数 $y = \sin\left(x + \dfrac{\pi}{3}\right)$ 的周期是 2π，首先作这个函数在长度为一个周期的闭区间上的简图。设 $z = x + \dfrac{\pi}{3}$，则 $x = z - \dfrac{\pi}{3}$。当 z 取 $0, \dfrac{\pi}{2}, \pi, \dfrac{3\pi}{2}, 2\pi$ 时，x 取 $-\dfrac{\pi}{3}, \dfrac{\pi}{6}, \dfrac{2\pi}{3}, \dfrac{7\pi}{6}, \dfrac{5\pi}{3}$。列表得

x	$-\dfrac{\pi}{3}$	$\dfrac{\pi}{6}$	$\dfrac{2\pi}{3}$	$\dfrac{7\pi}{6}$	$\dfrac{5\pi}{3}$
$x+\dfrac{\pi}{3}$	0	$\dfrac{\pi}{2}$	π	$\dfrac{3\pi}{2}$	2π
$\sin\left(x+\dfrac{\pi}{3}\right)$	0	1	0	-1	0

类似可得函数 $y=\sin\left(x-\dfrac{\pi}{4}\right)$ 的图像上对应点列表。再描点作出简图（如图 3.32 所示）。

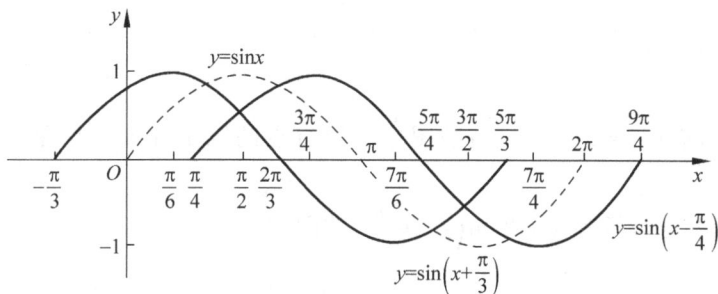

图 3.32

>>> **例 4** 作函数 $y=3\sin\left(2x+\dfrac{\pi}{3}\right)$ 的图像。

解 函数 $y=3\sin\left(2x+\dfrac{\pi}{3}\right)$ 的周期 $T=\pi$，首先作出长度为一个周期的闭区间上的简图，然后再向左、向右平移，获得整个定义域上的图像。

设 $z=2x+\dfrac{\pi}{3}$，则 $x=\dfrac{z-\dfrac{\pi}{3}}{2}=\dfrac{z}{2}-\dfrac{\pi}{6}$，$3\sin\left(2x+\dfrac{\pi}{3}\right)=3\sin z$，当 z 取 $0,\dfrac{\pi}{2},\pi,\dfrac{3\pi}{2},2\pi$ 时，x 取 $-\dfrac{\pi}{6},\dfrac{\pi}{12},\dfrac{\pi}{3},\dfrac{7\pi}{12},\dfrac{5\pi}{6}$，函数 $y=3\sin\left(2x+\dfrac{\pi}{3}\right)$ 在 $\left[-\dfrac{\pi}{6},\dfrac{5\pi}{6}\right]$ 上的图像对应的五个点列表得

x	$-\dfrac{\pi}{6}$	$\dfrac{\pi}{12}$	$\dfrac{\pi}{3}$	$\dfrac{7\pi}{12}$	$\dfrac{5\pi}{6}$
$2x+\dfrac{\pi}{3}$	0	$\dfrac{\pi}{2}$	π	$\dfrac{3\pi}{2}$	2π
$\sin\left(2x+\dfrac{\pi}{3}\right)$	0	1	0	-1	0

函数 $y = 3\sin\left(2x + \dfrac{\pi}{3}\right)$ 的作图可以按以下步骤进行：

（1）把 $y = \sin x$ 的图像上所有点向左平移 $\dfrac{\pi}{3}$ 个单位，得到 $y = \sin\left(x + \dfrac{\pi}{3}\right)$ 图像；

（2）将 $y = \sin\left(x + \dfrac{\pi}{3}\right)$ 的图像上所有点的横坐标缩短为原来的 $\dfrac{1}{2}$ 倍（纵坐标不变），得到 $y = \sin\left(2x + \dfrac{\pi}{3}\right)$ 图像；

（3）将 $y = \sin\left(2x + \dfrac{\pi}{3}\right)$ 的图像上所有点的纵坐标伸长到原来的 3 倍（横坐标不变），得到 $y = 3\sin\left(2x + \dfrac{\pi}{3}\right)$ 的图像。

可以在直角坐标系中同时画出 $y = \sin x$，$y = \sin\left(x + \dfrac{\pi}{3}\right)$，$y = \sin\left(2x + \dfrac{\pi}{3}\right)$，$y = 3\sin\left(2x + \dfrac{\pi}{3}\right)$ 的图像以方便直观比较（如图 3.33 所示）。

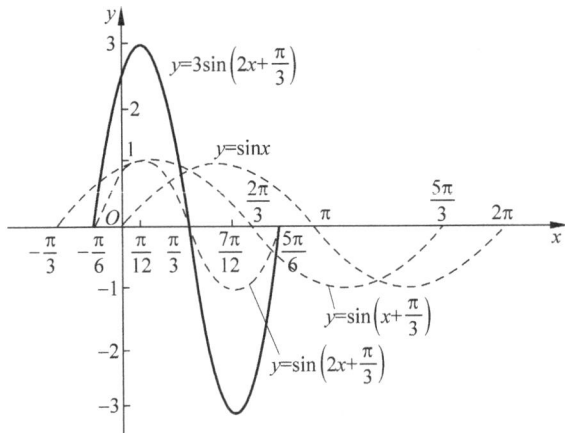

图 3.33

在完成了一般形式的函数 $y = A\sin(\omega x + \varphi)\,(A > 0)$ 作图后不妨进一步对其物理意义作出适当解释：当函数 $y = A\sin(\omega x + \varphi)\,(A > 0)$，

$x \in [0, +\infty)$ 表示一个振动量时，A 表示这个量振动时离开平衡位置的最大距离，一般称为该振动的振幅，往复振动一次需要的时间 $T = \dfrac{2\pi}{|\omega|}$ 称为振动的周期，单位时间内往复振动的次数 $f = \dfrac{1}{r} = \dfrac{|\omega|}{2\pi}$ 称为振动的频率，$\omega x + \varphi$ 称为相位，φ 称为初始相位（$x = 0$ 时的相位）。

三、课堂练习

作下列函数的图像：

（1）$y = -\dfrac{2}{3}\sin x$；（2）$y = \sin\left(-\dfrac{2}{5}x\right)$；（3）$y = \sin\left(x - \dfrac{\pi}{2}\right)$；

（4）$y = 4\sin\left(x - \dfrac{\pi}{4}\right)$；（5）$y = \sin\left(4x + \dfrac{2\pi}{5}\right)$。

第4章 三角公式

4.1 为什么要研究三角公式

4.1.1 三角公式可有可无吗

现行中学教材对三角公式的要求不高,远不如过去的教材,通常是介绍了诱导公式之后再介绍两角和的公式,更多的公式放在教辅材料中,考试则不作要求。是这些公式太难,为了降低难度所以舍弃? 还是因为它们不重要? 如果难易程度是选择的标准,恐怕很多新添的内容都应该舍弃,例如概率与统计、微积分中的许多内容按照目前教材中的呈现方式是阐述不清的,而要说清楚相关的概念与原理,其难度远超过了三角公式。那么是因为这些公式不重要吗? 如果仅仅局限于三角函数本身,没有这些公式的确无关紧要,回避与这些公式相关的问题便可以,问题是一旦涉及后续内容,就无法回避这些公式了。例如,在我们介绍求导公式时,实在无法想象没有这些公式如何理解三角函数的求导公式。更重要的是,三角函数堪称初等函数中最重要的一类函数,对数学乃至自然科学产生了极其深远的影响,无论是对一些理论的理解还是很多结论的推导都离不开这些公式。为什么我们要放弃这些不可或缺的公式却把本来在大学阶段才学习的东西拉到中学教材里呢?

要说清楚三角公式的重要性也许需要先跳出三角函数,虽然我们可以从诸如计算 $\cos x \cos 2x \cdots \cos 2^n x$ 之类的问题说明三角公式的必要性,但考试时完全可以回避类似的题型。所以,这类纯技巧方面的需要不足以成为三角公式重要性的理由。

三角公式的重要性可以从两个方面来看,一是技术层面上的,没有这些公式很多数学演算将无法进行,另一个是理论层面上的,没有这些公式将无法理解一些重要概念与思想。

先来看技术层面上的,以正弦函数的求导为例,如何求 $y=\sin x$ 的导数?教师总不能直接告诉学生这个函数的导函数是 $y=\cos x$ 吧?可如果去证明这件事却无法回避和差化积或两角和的三角公式。事实上,根据定义

$$(\sin x)' = \lim_{\Delta x \to 0} \frac{\sin(x+\Delta x) - \sin x}{\Delta x}$$

$$= \lim_{\Delta x \to 0} \frac{2\cos\left(\dfrac{2x+\Delta x}{2}\right)\sin\dfrac{\Delta x}{2}}{\Delta x} = \cos x。$$

也可以利用两角和的公式

$$(\sin x)' = \lim_{\Delta x \to 0} \frac{\sin(x+\Delta x) - \sin x}{\Delta x}$$

$$= \lim_{\Delta x \to 0} \frac{\sin x\cos\Delta x + \cos x\sin\Delta x - \sin x}{\Delta x}$$

$$= \lim_{\Delta x \to 0} \frac{\sin x(\cos\Delta x - 1) + \cos x\sin\Delta x}{\Delta x}$$

$$= \lim_{\Delta x \to 0} \left[\frac{\sin x(\cos\Delta x - 1)}{\Delta x} + \frac{\cos x\sin\Delta x}{\Delta x}\right]$$

$$= \lim_{\Delta x \to 0} \left[\frac{\sin x\left(-2\sin^2\dfrac{\Delta x}{2}\right)}{\Delta x} + \cos x\,\frac{\sin\Delta x}{\Delta x}\right]$$

$$= \cos x。$$

不同的方法导致了不同的计算量与复杂度,但无论如何,离开了三角公式将寸步难行。

当然,初等数学中的很多问题也涉及三角公式,尤其是研究几何中涉及角的问题时很难避开三角公式。

再来看理论层面上的。众所周知,由于傅里叶分析的出现,三角函数

对数学乃至自然科学产生了深远的影响,那么傅里叶分析到底在说什么?它为什么有如此大的魅力与威力? 关于这个问题将在后面专门阐述,这里只谈论与三角公式有关的问题。

首先让我们来崇拜一下伟大的笛卡儿,对数学家而言,笛卡儿之伟大不仅仅在于他是一个伟大的哲学家,还在于他为数学创造了一个了不起的工具——笛卡儿坐标系。在给定的坐标系中,可以将很多图形用代数方程表示,从而将几何问题转换成代数问题来研究。笛卡儿坐标系是连接几何与代数的桥梁,这一思想一直沿袭到现代数学。这一思想最先影响到的近代数学便是微积分中的幂级数理论与傅里叶级数。

学习过微积分的人应该还记得傅里叶级数,为避免复杂的讨论,我们不妨限于讨论闭区间$[-\pi,\pi]$上的连续函数,这样可以保证函数的可积性。假设$y=f(x)$是$[-\pi,\pi]$上的连续函数,那么f在$[-\pi,\pi]$上就有一个傅里叶级数展开

$$f \sim \frac{a_0}{2} + \sum_{n=1}^{\infty}(a_n\cos nx + b_n\sin nx),$$

其中

$$a_n = \frac{1}{\pi}\int_{-\pi}^{\pi}f(x)\cos nx\,\mathrm{d}x, \quad n=0,1,2,\cdots,$$

$$b_n = \frac{1}{\pi}\int_{-\pi}^{\pi}f(x)\sin nx\,\mathrm{d}x, \quad n=1,2,\cdots。$$

需要注意的是,上述展开式中的符号～是不能轻易换成等号的,哪怕$f(x)$连续也不行。关于等式何时成立曾经是个令数学家们头疼的问题,这个问题仅仅局限于微积分是解决不了的,需要专门的理论。在很特殊的情况下,可以保证等号成立,例如,如果数项级数

$$\left|\frac{a_0}{2}\right| + \sum_{n=1}^{\infty}(\,|\,a_n\,|+|\,b_n\,|)$$

收敛,则上述展开式中的"～"可以换成"＝"。不过这个问题不是这里讨论的主题,我们想搞清楚的是,三角公式与此有什么关系?

为了说清楚这个问题,需要再回顾一下向量的内积,向量的内积可以

帮我们判断两个向量之间的关系,例如夹角是多少,何时垂直,等等,它让我们摆脱了几何的羁绊,直接通过代数方法来验证平面或空间中几何图形的各种性质。我们说向量 a 与 b 垂直意味着什么?它意味着两者的内积 $a \cdot b = 0$。如果知道两个向量的坐标,可以直接利用坐标来计算两个向量的夹角。回头来看傅里叶级数中的两组函数 $\{\sin nx\}$ 与 $\{\cos nx\}$,不难计算

$$\int_{-\pi}^{\pi} \sin nx \, \mathrm{d}x = 0, \quad n = 0, 1, 2, \cdots;$$

$$\int_{-\pi}^{\pi} \cos nx \, \mathrm{d}x = 0, \quad n = 1, 2, \cdots.$$

$$\int_{-\pi}^{\pi} \sin nx \cos mx \, \mathrm{d}x = 0, \quad \forall n, m \in \mathbf{N};$$

$$\int_{-\pi}^{\pi} \sin nx \sin mx \, \mathrm{d}x = 0, \quad \forall n \neq m;$$

$$\int_{-\pi}^{\pi} \cos nx \cos mx \, \mathrm{d}x = 0, \quad \forall n \neq m.$$

不等于 0 的积分只有 $\int_{-\pi}^{\pi} \sin^2 nx \, \mathrm{d}x$ 与 $\int_{-\pi}^{\pi} \cos^2 nx \, \mathrm{d}x$ 了。

在进一步分析之前,先熟悉一下稍微抽象一点的向量空间与内积空间的概念。

4.1.2 向量空间与内积空间

向量固然有着很强的几何意义,但向量完全可以摆脱其几何背景,将其内在的特征提取出来,从纯代数的角度重新定义。具体地说,对于给定的集合 X 及数域 F,只要在该集合中引入某种数乘运算"·"与加法运算"+",即对任意 $x, y \in X$ 及任意 $\alpha \in F$,有 $\alpha \cdot x \in X, x + y \in X$,且满足

(1) $(\alpha + \beta) \cdot x = \alpha \cdot x + \beta \cdot x, \quad \forall \alpha, \beta \in F, x \in X;$

(2) $(\alpha\beta) \cdot x = \alpha(\beta x), \quad \forall \alpha, \beta \in F, x \in X;$

(3) $\alpha \cdot (x + y) = \alpha \cdot x + \beta y, \quad \forall \alpha \in F, x, y \in X;$

(4) $x + y = y + x, \quad \forall x, y \in X.$

则称 X 为数域 F 上的向量空间, X 中的每个元素称为该空间中的向量,为便于理解,这里不妨假设 F 是实数域 **R**,向量空间也称为线性空间。与欧氏空间不同的最典型向量空间是闭区间 $[a,b]$ 上的连续函数全体构成的集合 $C[a,b]$,按照通常函数的数乘与函数的加法运算, $C[a,b]$ 显然是实数域 **R** 上的向量空间。

假设 X 是数域 F 上的向量空间,如果有 $X \times X$ 到 **R** 的映射"⟨•,•⟩"满足

(1) $\langle x,y \rangle = \langle y,x \rangle$, $\quad \forall x,y \in X$;

(2) $\langle \alpha x,y \rangle = \alpha \langle x,y \rangle$, $\quad \forall \alpha \in F, x,y \in X$;

(3) $\langle x+y,z \rangle = \langle x,z \rangle + \langle y,z \rangle$ $\quad , \forall x,y,z \in X$。

则称 ⟨•,•⟩ 为 X 中的内积, $(X,\langle •,• \rangle)$ 称为 F 上的内积空间。在不至于混淆的情况下,也将内积空间 $(X,\langle •,• \rangle)$ 简记为 X。如果 X 中两个向量 x,y 满足 $\langle x,y \rangle = 0$,则称 x 与 y 相互垂直,记作 $x \perp y$。

4.1.3 再谈三角公式

假设 $X = C[-\pi,\pi]$ 是闭区间 $[-\pi,\pi]$ 上的连续函数全体,对任意 $\alpha \in$ **R** 及 $f,g \in X$,定义数乘为通常数与函数的乘法 $(\alpha f)(x) = \alpha f(x)$,向量加法为通常函数的加法 $(f+g)(x) = f(x) + g(x)$,不难验证 $C[-\pi,\pi]$ 是 **R** 上的向量空间。在 $C[-\pi,\pi]$ 上定义内积为

$$\langle f,g \rangle = \int_{-\pi}^{\pi} f(x)g(x)\,\mathrm{d}x,$$

简单的演算不难得知 $(C[-\pi,\pi],\langle •,• \rangle)$ 是内积空间。

回头看看前面的几个积分式

$$\int_{-\pi}^{\pi} \sin nx \cos mx \,\mathrm{d}x = 0, \quad \forall n,m \in \mathbf{N};$$

$$\int_{-\pi}^{\pi} \sin nx \sin mx \,\mathrm{d}x = 0, \quad \forall n \neq m;$$

$$\int_{-\pi}^{\pi} \cos nx \cos mx \,\mathrm{d}x = 0, \quad \forall n \neq m。$$

及 $\int_{-\pi}^{\pi}\sin^2 nx\,\mathrm{d}x \neq 0$ 与 $\int_{-\pi}^{\pi}\cos^2 nx\,\mathrm{d}x \neq 0$，可知

$$\langle \sin nx, \cos mx \rangle = 0, \quad \forall\, n,m \in \mathbf{N};$$

$$\langle \sin nx, \sin mx \rangle = 0, \quad \forall\, n \neq m;$$

$$\langle \cos nx, \cos mx \rangle = 0, \quad \forall\, n \neq m;$$

$$\langle \sin nx, \sin nx \rangle \neq 0, \quad \forall\, n \neq 0;$$

$$\langle \cos nx, \cos nx \rangle \neq 0, \quad \forall\, n。$$

这说明

$$\sin nx \perp \cos mx, \quad \forall\, n,m \in \mathbf{N};$$

$$\sin nx \perp \sin mx, \quad \forall\, n \neq m;$$

$$\cos nx \perp \cos mx, \quad \forall\, n \neq m。$$

换言之，$\{\sin nx, \cos mx\}_{n,m}$ 是一组相互垂直的向量，这样的向量组称为直交向量集。

细心的读者一定会感到奇怪，为什么傅里叶系数中积分号前面出现了系数 $\dfrac{1}{\pi}$？只需要计算一下 $\int_{-\pi}^{\pi}\sin^2 nx\,\mathrm{d}x$ 与 $\int_{-\pi}^{\pi}\cos^2 nx\,\mathrm{d}x$ 的值便会发现它们都等于 π。回顾一下向量长度与内积的关系可知

$$| \boldsymbol{a} | = \sqrt{\langle \boldsymbol{a}, \boldsymbol{a} \rangle}。$$

记 $f_n(x) = \dfrac{1}{\sqrt{\pi}}\sin nx$，$g_m(x) = \dfrac{1}{\sqrt{\pi}}\cos mx$，则有

$$| f_n | = \sqrt{\langle f_n, f_n \rangle} = 1, \quad | g_m | = \sqrt{\langle g_m, g_m \rangle} = 1。$$

这说明 $\{f_n, g_m\}_{n,m}$ 是单位向量组（这个过程称为向量的单位化，也叫正规化、归一化），且

$$f_n \perp g_m, \quad \forall\, n,m \in \mathbf{N}, \quad f_n \perp f_m, \quad g_n \perp g_m, \quad \forall\, n \neq m。$$

称 $\{f_n, g_m\}_{n,m}$ 为正交向量组。

我们似乎该明白傅里叶级数在说什么了，在 n 维向量空间 X 中，如果 $\{e_n\}$ 是 X 中一组最大线性无关组，则对任意 $x \in X$，存在一组数 $a_1, a_2, \cdots$，a_n，使得

$$x = \sum_{i=1}^{n} a_i e_i,$$

此时称 $\{e_n\}$ 为 X 的一组基,$(a_1,a_2,\cdots,a_n)$ 称为 x 在这组基下的坐标。如果对任意 $f \in C[-\pi,\pi]$,傅里叶级数收敛到 f(需要清楚按何种方式收敛),即傅里叶展式中的符号"~"可以换成"=",则说明 $\{\sin nx, \cos mx\}_{n,m}$ 充当了 $C[-\pi,\pi]$ 中基的角色。遗憾的是,无论是微积分中的一致收敛还是逐点收敛,$C[-\pi,\pi]$ 中函数的傅里叶级数都未必收敛到该函数。既然如此,上面的讨论岂非一堆废话? 非也,如果引入上述内积概念,再引入适当的收敛概念,是可以让 $C[-\pi,\pi]$ 中任意函数的傅里叶级数按照这种收敛性收敛到该函数的,即 $\{\sin nx, \cos mx\}_{n,m}$ 的确构成 $(C[-\pi,\pi], \langle \cdot, \cdot \rangle)$ 的基或者说构成 $(C[-\pi,\pi], \langle \cdot, \cdot \rangle)$ 的直角坐标系,将 $\{\sin nx, \cos mx\}_{n,m}$ 单位化便得到正交基。不过这已经超出了本书的讨论范围,姑且按下不表。

4.2   三角公式教学案例设计

案例 1   **两角和与差及二倍角公式**

教学目的:

(1) 能根据三角函数的几何定义与相关性质,探索出两角和与差的正弦和余弦公式;

(2) 会运用两角和与差的三角公式进行计算与恒等变换。

教学重点:探索出两角和与差的三角函数公式。

教学难点:利用三角公式进行恒等变换(化简)。

教学过程:

一、问题引入

问题 1   能不能不查三角函数表直接计算 $\sin \dfrac{7\pi}{12}$ 与 $\cos \dfrac{5\pi}{12}$ 的值?

$\dfrac{7\pi}{12}$ 与 $\dfrac{5\pi}{12}$ 都不是常见的特殊角,但不难看出

$$\frac{7\pi}{12} = \frac{\pi}{4} + \frac{\pi}{3}, \qquad \frac{5\pi}{12} = \frac{\pi}{4} + \frac{\pi}{6}.$$

可见只要能找出两个特殊角的三角函数与这两个角和的三角函数之间的关系,就不难求出它们的三角函数值。这就导出了两角和的三角函数公式问题。

二、新课教学

由问题 1 的分析可知,通过角的分解可以计算一些非特殊角的三角函数值,所以下面的问题就是很自然的了。

问题 2 对于任意角 α 和 β,如何用 α 与 β 的三角函数表示 $\alpha + \beta$ 的三角函数?

如图 4.1 所示,在单位圆中,分别作角 α,β 和 $-\beta$,这些角的始边都位于 x 轴的正半轴 P_1 点处,角 α 的终边交单位圆于 P_2,角 β 的始边为 OP_2,终边交单位圆于 P_3,$-\beta$ 的始边为 OP_1,终边交单位圆于 P_4,则 P_1,P_2,P_3,P_4 的坐标分别为

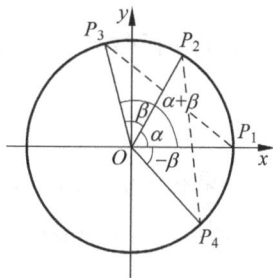

图 4.1

$$P_1(1,0), P_2(\cos\alpha, \sin\alpha),$$

$$P_3(\cos(\alpha + \beta), \sin(\alpha + \beta)), \qquad P_4(\cos(-\beta), \sin(-\beta)).$$

易知,$\triangle P_3 O P_1 \cong \triangle P_2 O P_4$,于是 $|P_1 P_3| = |P_2 P_4|$,由两点距离公式得

$$[\cos(\alpha + \beta) - 1]^2 + \sin^2(\alpha + \beta)$$

$$= [\cos(-\beta) - \cos\alpha]^2 + [\sin(-\beta) - \sin\alpha]^2,$$

整理得

$$\cos(\alpha + \beta) = \cos\alpha\cos\beta - \sin\alpha\sin\beta.$$

由正弦函数与余弦函数的互余关系很容易得到两角和的正弦公式

$$\sin(\alpha + \beta) = \sin\alpha\cos\beta + \cos\alpha\sin\beta.$$

事实上,只要由

$$\sin(\alpha + \beta) = \cos\left[\frac{\pi}{2} - (\alpha + \beta)\right] = \cos\left[\left(\frac{\pi}{2} - \alpha\right) + (-\beta)\right]$$

$$= \cos\left(\frac{\pi}{2} - \alpha\right)\cos(-\beta) - \sin\left(\frac{\pi}{2} - \alpha\right)\sin(-\beta)$$

$$= \sin\alpha\cos\beta + \cos\alpha\sin\beta。$$

课堂上最好解释清楚这一公式对任意角 α 和 β 都成立,这样下面的问题就很容易回答了。

问题 3　如何用 α,β 的三角函数表示 $\alpha - \beta$ 的三角函数?

若把角 β 换为 $(-\beta)$,则有

$$\cos(\alpha - \beta) = \cos\alpha\cos\beta + \sin\alpha\sin\beta。$$

将 $\sin(\alpha + \beta)$ 中的 β 换为 $(-\beta)$,则有

$$\sin(\alpha - \beta) = \sin\alpha\cos\beta - \cos\alpha\sin\beta。$$

由正切函数与正弦函数、余弦函数的关系立得

$$\tan(\alpha \pm \beta) = \frac{\tan\alpha \pm \tan\beta}{1 \mp \tan\alpha\tan\beta}。$$

如果在 $\sin(\alpha + \beta)$,$\cos(\alpha + \beta)$ 和 $\tan(\alpha + \beta)$ 中令 $\beta = \alpha$,则有

$$\sin(\alpha + \beta) = \sin 2\alpha, \quad \cos(\alpha + \beta) = \cos 2\alpha, \quad \tan(\alpha + \beta) = \tan 2\alpha。$$

于是得

$$\sin 2\alpha = 2\sin\alpha\cos\alpha, \quad \cos 2\alpha = \cos^2\alpha - \sin^2\alpha, \quad \tan 2\alpha = \frac{2\tan\alpha}{1 - \tan^2\alpha},$$

它们分别称为二倍角的正弦、余弦与正切公式。

>>> **例 1**　求 $75°$ 的正弦、余弦与正切值。

解　$\sin 75° = \sin(45° + 30°)$

$$= \sin 45°\cos 30° + \cos 45°\sin 30°$$

$$= \frac{\sqrt{2}}{2} \times \frac{\sqrt{3}}{2} + \frac{\sqrt{2}}{2} \times \frac{1}{2}$$

$$= \frac{\sqrt{6} + \sqrt{2}}{4},$$

$$\cos 75° = \cos(90° - 15°) = \sin 15°$$

$$= \sin(45° - 30°)$$

$$= \frac{\sqrt{6} - \sqrt{2}}{4},$$

$$\tan 75° = \frac{\sin 75°}{\cos 75°} = \frac{\sqrt{6}+\sqrt{2}}{\sqrt{6}-\sqrt{2}} = 2+\sqrt{3}。$$

例 2 化简 $\dfrac{2\cos^4 x - 2\cos^2 x + \dfrac{1}{2}}{2\tan\left(\dfrac{\pi}{4}-x\right)\cdot\sin^2\left(\dfrac{\pi}{4}+x\right)}$。

解 原式 $= \dfrac{2\cos^2 x(\cos^2 x - 1)+\dfrac{1}{2}}{2\tan\left(\dfrac{\pi}{4}-x\right)\sin^2\left(\dfrac{\pi}{4}+x\right)} = \dfrac{\dfrac{1}{2}-2\cos^2 x\sin^2 x}{\dfrac{2\sin\left(\dfrac{\pi}{4}-x\right)}{\cos\left(\dfrac{\pi}{4}-x\right)}\cdot\sin^2\left(\dfrac{\pi}{4}+x\right)}$

$$= \dfrac{\dfrac{1}{2}-\dfrac{1}{2}\sin^2 2x}{\dfrac{2\cos\left(\dfrac{\pi}{4}+x\right)}{\sin\left(\dfrac{\pi}{4}+x\right)}\cdot\sin^2\left(\dfrac{\pi}{4}+x\right)} = \dfrac{\dfrac{1}{2}\cos^2 2x}{\sin\left(\dfrac{\pi}{2}+2x\right)} = \dfrac{1}{2}\cos 2x。$$

例 3 化简下列各式：

(1) $4\sin\dfrac{\alpha}{2}\cos\dfrac{\alpha}{2}$；(2) $\sin^2\dfrac{\pi}{8}-\cos^2\dfrac{\pi}{8}$；(3) $\dfrac{\tan 37.5°}{1-\tan^2 37.5°}$。

解 (1) $4\sin\dfrac{\alpha}{2}\cos\dfrac{\alpha}{2} = 2\times 2\sin\dfrac{\alpha}{2}\cos\dfrac{\alpha}{2} = 2\sin\alpha$。

(2) $\sin^2\dfrac{\pi}{8}-\cos^2\dfrac{\pi}{8} = -\left(\cos^2\dfrac{\pi}{8}-\sin^2\dfrac{\pi}{8}\right) = -\cos\dfrac{\pi}{4} = -\dfrac{\sqrt{2}}{2}$。

(3) $\dfrac{\tan 37.5°}{1-\tan^2 37.5°} = \dfrac{1}{2}\cdot\dfrac{2\tan 37.5°}{1-\tan^2 37.5°} = \dfrac{1}{2}\tan 75° = \dfrac{2+\sqrt{3}}{2}$。

三、课堂练习

略。

◀ **案例 2** **半角三角公式**

教学目的：能根据倍角的三角函数公式推导出半角的三角公式。

教学重点：探索半角三角公式与万能公式。

教学难点：能运用半角公式及万能公式进行计算与恒等变换。

教学过程:

一、问题引入

问题 1 能不能不查三角函数表计算 15°角的三角函数值?

学生很容易发现 15°角是 30°角的一半,因此,如果能将二倍角公式反过来用,或许就能找到半角公式了。

二、新课教学

问题 2 能不能用任意角 α 的三角函数表示 $\dfrac{\alpha}{2}$ 的三角函数?

不妨先从 $\sin\dfrac{\alpha}{2}$ 开始,学生应该不难发现可以将 α 写成 $2\dfrac{\alpha}{2}$,问题的难点在于这时该用哪个二倍角公式? 学生如果尝试着分别用正弦与余弦的二倍角公式演算会发现用 $\cos\alpha=\cos^2\dfrac{\alpha}{2}-\sin^2\dfrac{\alpha}{2}$ 比较方便解出 $\sin\dfrac{\alpha}{2}$ 或 $\cos\dfrac{\alpha}{2}$。事实上,由 $\cos^2\dfrac{\alpha}{2}+\sin^2\dfrac{\alpha}{2}=1$ 可得

$$\cos\alpha=1-2\sin^2\dfrac{\alpha}{2}=2\cos^2\dfrac{\alpha}{2}-1,$$

因此

$$\sin\dfrac{\alpha}{2}=\pm\sqrt{\dfrac{1-\cos\alpha}{2}},\quad \cos\dfrac{\alpha}{2}=\pm\sqrt{\dfrac{1+\cos\alpha}{2}},$$

进而得正切的半角公式

$$\tan\dfrac{\alpha}{2}=\pm\sqrt{\dfrac{1-\cos\alpha}{1+\cos\alpha}}。$$

$\cos\dfrac{\alpha}{2}=\pm\sqrt{\dfrac{1+\cos\alpha}{2}}$,$\sin\dfrac{\alpha}{2}=\pm\sqrt{\dfrac{1-\cos\alpha}{2}}$ 与 $\tan\dfrac{\alpha}{2}=\pm\sqrt{\dfrac{1-\cos\alpha}{1+\cos\alpha}}$ 就是所谓的三角函数半角公式。需要注意的是,公式前面的符号要根据角 α 的大小来确定。

>>> 例 1 已知 $\cos\theta=-\dfrac{3}{5}$,并且 $\pi<\theta<\dfrac{3}{2}\pi$,求 $\tan\dfrac{\theta}{2}$。

解 因为 $\pi<\theta<\dfrac{3}{2}\pi$,所以 $\dfrac{3}{2}\pi<\dfrac{\theta}{2}<\dfrac{3}{4}\pi$,即 $\dfrac{\theta}{2}$ 是第二象限角,得

$$\tan\frac{\theta}{2} = -\sqrt{\frac{1-\cos\theta}{1+\cos\theta}} = -\sqrt{\frac{1-\left(-\frac{3}{5}\right)}{1+\left(-\frac{3}{5}\right)}} = -2.$$

何时用倍角公式? 何时用半角公式? 需要视具体情况而定。三角函数式的恒等变换是三角公式运用的难点,其难点主要体现在公式的运用非常灵活。但有一个基本原则,即三角函数式中所含三角函数类型(正弦、余弦或正切等各种三角函数)越少,涉及的角越少,越便于恒等式的变换与化简,可见如何寻找不同角的三角函数之间的关系以及同一角的不同三角函数之间的转换就是很自然的事情了。对于同一个角而言,不同三角函数之间的关系不难得到,证明也不困难,例如,通过单位圆始边在 x 轴正半轴的圆心角 α 的终边与单位圆周交点的坐标可以得到

$$\sin^2\alpha + \cos^2\alpha = 1,$$

由此可得

$$\cos\alpha = \pm\sqrt{1-\sin^2\alpha},$$

进而

$$\tan\alpha = \pm\frac{\sin\alpha}{\sqrt{1-\sin^2\alpha}}.$$

其他几个三角函数可以类似利用正弦函数表示。

然而,当涉及若干个不同角的三角函数式时,仅仅通过函数类型的转换是不够的,不妨从下面的例子开始。

>>> 例 2 试化简 $\dfrac{\tan\frac{\alpha}{2}\tan\alpha}{\tan\alpha - \tan\frac{\alpha}{2}} + \sqrt{3}\left(\sin^2\frac{\alpha}{2} - \cos^2\frac{\alpha}{2}\right)$。

上述三角函数式中含两个角,比较自然的思路应该是用半角公式将半角 $\dfrac{\alpha}{2}$ 的三角函数转换成角 α 的三角函数,第二项是比较容易的,直接由

$\cos\alpha = \cos^2\dfrac{\alpha}{2} - \sin^2\dfrac{\alpha}{2}$ 便得

$$原式=\frac{\tan\frac{\alpha}{2}\tan\alpha}{\tan\alpha-\tan\frac{\alpha}{2}}-\sqrt{3}\cos\alpha。$$

由半角公式 $\tan\frac{\alpha}{2}=\pm\sqrt{\frac{1-\cos\alpha}{1+\cos\alpha}}$ 得

$$原式=\frac{\pm\sqrt{\frac{1-\cos\alpha}{1+\cos\alpha}}\tan\alpha}{\tan\alpha\mp\sqrt{\frac{1-\cos\alpha}{1+\cos\alpha}}}-\sqrt{3}\cos\alpha。$$

进一步讨论下去势必涉及符号的讨论,问题将变得比较复杂,可见在三角函数式的恒等变换中应尽可能避免符号的讨论。用倍角公式能不能避开符号的讨论呢? 不妨引导学生试一试。

$$原式=\frac{\tan\frac{\alpha}{2}\tan2\frac{\alpha}{2}}{\tan2\frac{\alpha}{2}-\tan\frac{\alpha}{2}}+\sqrt{3}\left(\sin^{2}\frac{\alpha}{2}-\cos^{2}\frac{\alpha}{2}\right)$$

$$=\frac{\frac{2\tan\frac{\alpha}{2}}{1-\tan^{2}\frac{\alpha}{2}}\tan\frac{\alpha}{2}}{\frac{2\tan\frac{\alpha}{2}}{1-\tan^{2}\frac{\alpha}{2}}-\tan\frac{\alpha}{2}}+\sqrt{3}\left(\sin^{2}\frac{\alpha}{2}-\cos^{2}\frac{\alpha}{2}\right)$$

$$=\frac{2\tan^{2}\frac{\alpha}{2}}{2\tan\frac{\alpha}{2}-\left(\tan\frac{\alpha}{2}-\tan^{3}\frac{\alpha}{2}\right)}+\sqrt{3}\left(\sin^{2}\frac{\alpha}{2}-\cos^{2}\frac{\alpha}{2}\right)$$

$$=\frac{2\tan\frac{\alpha}{2}}{1+\tan^{2}\frac{\alpha}{2}}+\sqrt{3}\left(\sin^{2}\frac{\alpha}{2}-\cos^{2}\frac{\alpha}{2}\right)$$

$$= \frac{2\tan\dfrac{\alpha}{2}}{\sec^2\dfrac{\alpha}{2}} + \sqrt{3}\left(\sin^2\dfrac{\alpha}{2} - \cos^2\dfrac{\alpha}{2}\right)$$

$$= 2\sin\frac{\alpha}{2}\cos\frac{\alpha}{2} + \sqrt{3}\left(\sin^2\frac{\alpha}{2} - \cos^2\frac{\alpha}{2}\right)。$$

此时再运用一下倍角公式便可得

$$原式 = \sin\alpha - \sqrt{3}\cos\alpha = 2\left(\frac{1}{2}\sin\alpha - \frac{\sqrt{3}}{2}\cos\alpha\right)$$

$$= 2\left(\cos\frac{\pi}{3}\sin\alpha - \sin\frac{\pi}{3}\cos\alpha\right) = 2\sin\left(\alpha - \frac{\pi}{3}\right)。$$

上述计算似乎显得繁琐了一点,但基本思路如前所述,想方设法将不同的角转换成相同的角。如果仔细观察一下上面的演算过程会发现,我们实际上得到了一个等式

$$\sin\alpha = \frac{2\tan\dfrac{\alpha}{2}}{1 + \tan^2\dfrac{\alpha}{2}}。$$

那么 α 的其他几个三角函数是否也可以用 $\tan\dfrac{\alpha}{2}$ 表示呢? 这就自然带来了下面的问题。

问题 3 能否将角 α 的三角函数用 $\dfrac{\alpha}{2}$ 的正切函数表示?

将倍角公式 $\tan 2\alpha = \dfrac{2\tan\alpha}{1 - \tan^2\alpha}$ 中的 2α 换成 α 便可得

$$\tan\alpha = \frac{2\tan\dfrac{\alpha}{2}}{1 - \tan^2\dfrac{\alpha}{2}}。$$

再由 $\cos\alpha = \dfrac{\sin\alpha}{\tan\alpha}$ 可得

$$\cos\alpha = \frac{1 - \tan^2\frac{\alpha}{2}}{1 + \tan^2\frac{\alpha}{2}}。$$

上述公式称为万能公式,它可以将不同的函数转换成正切函数,从而方便三角函数式的变换。

三、课堂总结

由于涉及半角公式、万能公式等六个公式,课堂上最好简单做一下总结,阐明这些公式的意义。

◀ 案例 3 　三角函数的积化和差与和差化积

教学目的:了解三角函数的积化和差与和差化积公式,能运用这些公式进行简单的三角函数式化简、求值及恒等变换。

教学重点:积化和差与和差化积公式的推导,能运用这些公式进行简单的三角函数式求值与恒等变换。

教学难点:了解三角函数积化和差与和差化积公式的意义。

教学过程:

一、问题引入

问题 1 　如何计算 $\sin\frac{\pi}{12}\cos\frac{5\pi}{12}$,$\sin\frac{\pi}{12}\sin\frac{5\pi}{12}$,$\cos\frac{\pi}{12}\cos\frac{5\pi}{12}$ 的值?

$\frac{\pi}{12}$ 与 $\frac{5\pi}{12}$ 都不是常见的特殊角,不能直接计算它们的三角函数值,但细心的同学可能会发现,这两个角的和与差都是特殊角:$\frac{\pi}{12} + \frac{5\pi}{12} = \frac{\pi}{2}$,$\frac{5\pi}{12} - \frac{\pi}{12} = \frac{\pi}{3}$,因此,问题的关键是寻找这两个角的三角函数值与它们的和或差的三角函数值之间的关系。学生应该不难想到两角和与差的三角公式,可以通过这两个特殊角的计算过渡到更一般的情形。

二、新课教学

问题 2 　问题 1 中两个特殊角的三角函数乘积值的计算是不是具有一般性?

通过问题 1 的计算,不难看出,将两角和与差的三角公式相加或相减便可以得到两角三角函数的乘积。由

$$\sin(\alpha+\beta)+\sin(\alpha-\beta)=2\sin\alpha\cos\beta$$

得

$$\sin\alpha\cos\beta=\frac{1}{2}\big[\sin(\alpha+\beta)+\sin(\alpha-\beta)\big]。$$

由

$$\sin(\alpha+\beta)-\sin(\alpha-\beta)=2\cos\alpha\sin\beta$$

得

$$\cos\alpha\sin\beta=\frac{1}{2}\big[\sin(\alpha+\beta)-\sin(\alpha-\beta)\big]。$$

类似地,由

$$\cos(\alpha+\beta)=\cos\alpha\cos\beta-\sin\alpha\sin\beta$$

及

$$\cos(\alpha-\beta)=\cos\alpha\cos\beta+\sin\alpha\sin\beta$$

得

$$\cos\alpha\cos\beta=\frac{1}{2}\big[\cos(\alpha+\beta)+\cos(\alpha-\beta)\big],$$

$$\sin\alpha\sin\beta=\frac{1}{2}\big[\cos(\alpha-\beta)-\cos(\alpha+\beta)\big]。$$

公式

$$\sin\alpha\cos\beta=\frac{1}{2}\big[\sin(\alpha+\beta)+\sin(\alpha-\beta)\big],$$

$$\sin\alpha\sin\beta=\frac{1}{2}\big[\cos(\alpha-\beta)-\cos(\alpha+\beta)\big],$$

$$\cos\alpha\cos\beta=\frac{1}{2}\big[\cos(\alpha+\beta)+\cos(\alpha-\beta)\big],$$

称为积化和差公式。

>>> 例 1　试计算 $\sin\dfrac{7\pi}{12}\cos\dfrac{\pi}{12}$ 的值。

只需注意到 $\dfrac{7\pi}{12}+\dfrac{\pi}{12}=\dfrac{2\pi}{3}$，$\dfrac{7\pi}{12}-\dfrac{\pi}{12}=\dfrac{\pi}{2}$ 便不难知道该用积化和差公式。

从而

$$\sin\frac{7\pi}{12}\cos\frac{\pi}{12}=\frac{1}{2}\left[\sin\left(\frac{7\pi}{12}+\frac{\pi}{12}\right)+\sin\left(\frac{7\pi}{12}-\frac{\pi}{12}\right)\right]=\frac{1}{2}\left(\sin\frac{2\pi}{3}+\sin\frac{\pi}{2}\right)。$$

还需要利用一次诱导公式计算 $\sin\dfrac{2\pi}{3}$ 的值，即

$$\sin\frac{2\pi}{3}=\sin\left(\pi-\frac{\pi}{3}\right)=\sin\frac{\pi}{3}=\frac{\sqrt{3}}{2},$$

故

$$\sin\frac{7\pi}{12}\cos\frac{\pi}{12}=\frac{1}{2}\left(\frac{\sqrt{3}}{2}+1\right)。$$

>>> **例 2** 求证 $\sin3\alpha\,\sin^3\alpha+\cos3\alpha\,\cos^3\alpha=\cos^3 2\alpha$。

    证明 左边 $=\sin^2\alpha(\sin3\alpha\sin\alpha)+\cos^2\alpha(\cos3\alpha\cos\alpha)$

$$=\frac{1}{2}\left[\sin^2\alpha(\cos2\alpha-\cos4\alpha)+\cos^2\alpha(\cos2\alpha+\cos4\alpha)\right]$$

$$=\frac{1}{2}\left[\cos2\alpha(\sin^2\alpha+\cos^2\alpha)+\cos4\alpha(\cos^2\alpha-\sin^2\alpha)\right]$$

$$=\frac{1}{2}(\cos2\alpha+\cos4\alpha\cos2\alpha)$$

$$=\frac{1}{2}\cos2\alpha(1+\cos4\alpha)$$

$$=\frac{1}{2}\cos2\alpha\cdot2\cos^2 2\alpha$$

$$=\cos^3 2\alpha=右边。\qquad\qquad 证毕$$

    问题 3 如何计算 $\sin\dfrac{5\alpha}{12}+\sin\dfrac{\pi}{12}$，$\sin\dfrac{5\alpha}{12}-\sin\dfrac{\pi}{12}$ 及 $\cos\dfrac{5\alpha}{12}+\cos\dfrac{\pi}{12}$ 与 $\cos\dfrac{5\alpha}{12}-\cos\dfrac{\pi}{12}$ 的值？有没有一般公式？

    有了前面积化和差公式的讨论，学生自然不难想到解决这类问题的思路。与积化和差公式相比，和差化积公式的难点是学生可能不容易想到如

何将两个角表示成两角和与差,这种思想方法在数学中是常用的。例如,一个函数的符号可能会发生变化,如何将它表示成非负函数的和或差? 一个常用的方法就是做如下的分解

$$f(x) = f^+(x) - f^-(x),$$

其中

$$f^+(x) = \max\{f(x), 0\} = \frac{|f(x)| + f(x)}{2} = \begin{cases} f(x), & f(x) > 0, \\ 0, & f(x) \leqslant 0; \end{cases}$$

$$f^-(x) = \max\{-f(x), 0\} = \frac{|f(x)| - f(x)}{2} = \begin{cases} 0, & f(x) > 0, \\ -f(x), & f(x) \leqslant 0. \end{cases}$$

在上述分解下,也可以将$|f(x)|$写成

$$|f(x)| = f^+(x) + f^-(x).$$

这个分解的好处是可以先讨论非负函数,然后利用非负函数讨论一般函数。课堂上教师可以根据具体情况决定是否适当展开,但应该引导学生自己去发现,如果两个角的和与差是特殊角,如何用这两个角的和与差表示这两个角? 这与上面的函数分解异曲同工,即

$$\alpha = \frac{\alpha+\beta}{2} + \frac{\alpha-\beta}{2}, \quad \beta = \frac{\alpha+\beta}{2} - \frac{\alpha-\beta}{2}.$$

有了这个分解,剩下的事情就简单了,利用两角和的三角公式便可以得到下面的和差化积公式

$$\sin\alpha + \sin\beta = 2\sin\frac{\alpha+\beta}{2}\cos\frac{\alpha-\beta}{2},$$

$$\sin\alpha - \sin\beta = 2\cos\frac{\alpha+\beta}{2}\sin\frac{\alpha-\beta}{2},$$

$$\cos\alpha + \cos\beta = 2\cos\frac{\alpha+\beta}{2}\cos\frac{\alpha-\beta}{2},$$

$$\cos\alpha - \cos\beta = -2\sin\frac{\alpha+\beta}{2}\sin\frac{\alpha-\beta}{2}.$$

通过具体的例子引出和差化积公式可以让学生初步了解这些公式的作用。这组公式的记忆关键是上面角的分解式,清楚了该分解式,再结合

两角和与差的公式就比较容易记住了。

问题 4 和差化积公式与积化和差公式能给我们带来什么?

这个问题不是学生能回答的,需要老师帮助学生总结归纳。如果仅局限于三角函数值的计算及恒等变换,这些公式的价值也就不那么重要了,它们不过是技巧层面上的。但如果与函数联系起来,意义则大不相同。三角函数表述了很多物理现象,是很重要的数学模型,这些函数的性质如何?有时仅仅依靠求导未必能解决问题,还需要三角公式的帮助,或者说运用三角公式将函数式化简后再讨论或许会简单很多。例如,$\sin\omega_1 x\cos\omega_2 x$ 的周期是什么? 这就需要利用积化和差公式才能看出来,不过,这个问题对于学生而言有一定难度,它涉及两个不同频率的余弦函数之和的周期问题,可以作为课外思考题供有兴趣的学生自主探究。

三、课后思考

思考题 1 求函数 $f(x)=\cos^3 2x$ 的最小正周期。

$$f(x)=\cos 2x\cos^2 2x=\cos 2x\frac{1+\cos 4x}{2}=\frac{1}{2}(\cos 2x+\cos 2x\cos 4x)$$

$$=\frac{1}{2}\left[\cos 2x+\frac{1}{2}(\cos 2x+\cos 6x)\right]=\frac{3}{4}\cos 2x+\frac{1}{4}\cos 6x。$$

问题归结为如何求形如 $A\cos\omega_1 x+B\cos\omega_2 x$ 的最小周期。可以引导学生猜测可能的最小正周期是什么,比较容易看出来的是,π 既是 $\cos 2x$ 的周期也是 $\cos 6x$ 的周期,需要验证的是它是不是 $\frac{3}{4}\cos 2x+\frac{1}{4}\cos 6x$ 的最小正周期。对于这个具体的函数而言,不需要太复杂的讨论,不妨设正数 $T<\pi$ 是 $\frac{3}{4}\cos 2x+\frac{1}{4}\cos 6x$ 的周期,即对任意 x,有

$$\frac{3}{4}\cos 2(x+T)+\frac{1}{4}\cos 6(x+T)=\frac{3}{4}\cos 2x+\frac{1}{4}\cos 6x,$$

则

$$\frac{3}{4}[\cos 2(x+T)-\cos 2x]=\frac{1}{4}[\cos 6(x+T)-\cos 6x],$$

注意 $\cos 2x$ 的周期是 π,故 $\cos 2(x+T)-\cos 2x\neq 0$。由和差化积公式得

$$-\frac{3}{2}\sin(2x+T)\sin T = -\frac{1}{2}\sin(6x+3T)\sin 3T。$$

令 $x=-\dfrac{T}{2}+\dfrac{\pi}{4}$，则 $2x+T=\dfrac{\pi}{2}$，故得

$$-\frac{3}{2}\sin T = \frac{1}{2}\sin 3T。$$

因为 $T<\pi$，所以 $\sin T\neq 0$，进而

$$\sin(2x+T)=-\sin(6x+3T)。$$

上式左右两边是不同周期的函数，它们显然不等，这说明 $f(x)$ 的最小正周期确为 π。

上述思考题虽然是计算函数的最小正周期，但既用到了积化和差公式，也用到了和差化积公式。不妨作为课外拓展，建议学生进一步考虑下面的问题。

思考题 2 设 ω_1,ω_2 都是正整数，求函数 $f(x)=\sin\omega_1 x\cos\omega_2 x$ 的最小正周期。

思考题 2 的难点有两个，首先要猜测上述函数的最小正周期可能是什么，其次要寻找合适的证明方法。

第5章 解三角形

5.1 正弦定理

5.1.1 三角形中的各种关系

假设 $\triangle ABC$ 三边分别是 a,b,c,对应的三个角分别为 $\angle A,\angle B,\angle C$,初中阶段便了解了三角形中边与角之间的各种关系。例如:

(1) 三内角关系

$$\angle A + \angle B + \angle C = \pi.$$

上述关系称为三角形内角和定理。

(2) 边与边的关系

$$a+b>c, \quad b+c>a, \quad a+c>b,$$

$$|a-b|<c, \quad |b-c|<a, \quad |a-c|<b.$$

用文字表达即:三角形两边之和大于第三边,两边之差小于第三边。

在直角三角形 $\text{Rt}\triangle ABC$ 中,如果 $\angle A,\angle B$ 是锐角,$\angle C$ 是直角,则还有:

(3) 三边关系

$$c^2 = a^2 + b^2.$$

这就是著名的勾股定理,初中阶段已经对它有了详细介绍,这里不再做介绍。

(4) 边与角的关系

$$\sin\angle A = \frac{a}{c}, \quad \cos\angle A = \frac{b}{c}, \quad \tan\angle A = \frac{a}{b}.$$

上述三个等式分别称为直角三角形锐角∠A 的正弦比、余弦比与正切比。

　　所谓解三角形指的是知道了三角形的某些边或内角,求其余的边或角。如果三角形的某些边与角唯一确定了该三角形,直观地看,这个三角形就应该是可解的。那么,当三角形的边与角具备什么条件时,三角形在全等意义下是唯一确定的? 显然,仅仅知道三角形的三个内角是无法确定三角形的,有无穷多个满足特定三内角但不是全等的三角形,这些三角形都是相似的。如果再加上一条边呢? 不难看出,这时候的三角形就不能再变了,换句话说,三角形全等意义下是唯一确定的,实际上,由内角和定理,只要知道了三角形两个内角及一条边,三角形在全等意义下就是唯一确定的。换句话说,这个三角形其他的边与角就是可以计算的。我们把能够求出所有边与角的三角形称为可解三角形,这里可解的意思指三角形的三个边与角唯一确定。

　　如果仅仅知道一个角一条边呢? 这样的三角形也有很多,换言之,仅仅有一个角与一条边并不能确定其他的角与边。再加上一条边呢? 即已知三角形的一个内角及两条边,能否确定其他的角与边? 这就要看已知的角是不是两条已知边的夹角,如果是,则利用全等三角形的判定定理得知,这时的三角形在全等意义下是唯一确定的,因此三角形是可解的。如果不是,则可能有多解。

　　仍由全等三角形判定定理可知,如果知道了三角形的三条边,三角形也是唯一确定的。

　　由此我们得到了一个初步的猜测:

　　(1) 当三角形的两个内角及一条边已知时,三角形可解;

　　(2) 当三角形的一个内角及两条边已知时,三角形也是可解的,但如果已知的内角不是两个边的夹角,三角形可能会有两个解;

　　(3) 当三角形的三条边已知时,三角形是可解的。

　　这样的猜测正确吗? 如何求解? 这正是本章要解决的问题。教师可以在回顾初中三角形全等判定以及解直角三角形等相关知识基础上引导学生作出上面的猜测,再设法寻找解决问题的途径。

5.1.2 正弦定理的发现及意义

根据前面的分析,假设已知△ABC 的两条边及一个内角(如图 5.1 所示),能否确定该三角形所有的边及内角?

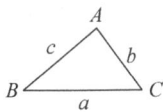

图 5.1

不妨设 a,b 及∠C 已知,能否求出∠A,∠B 及边 c?学生对于一般的三角形缺少经验,但学生对直角三角形已经有了一定的经验积累,比较自然的引导方式是如何在一般三角形中构造一个直角三角形,但要尽量多地保留给定的关于边与角的信息。最自然的构造方法便是引三角形的高,显而易见,这个高不能从顶点 C 引,否则就把∠C 分割了,从顶点 A 或 B 引三角形的高都是可以的,于是问题就转换成了如何求解直角三角形。例如,从顶点 A 引 BC 边上的高 h,则得到两个直角三角形,由直角三角形正弦比知

$$h = b\sin\angle C。$$

虽然我们还不知道∠B 的大小,但至少可以知道 h 与∠B 及 c 的关系,即

$$h = c\sin\angle B,$$

于是

$$b\sin\angle C = c\sin\angle B,$$

变形后得

$$\frac{b}{\sin\angle B} = \frac{c}{\sin\angle C}。$$

由此可见,只要知道了 b,c,∠C,便可以求出∠B,进而可以求出∠A。用完全类似的方法可得

$$\frac{a}{\sin\angle A} = \frac{c}{\sin\angle C}。$$

这样便得到了

$$\frac{a}{\sin\angle A} = \frac{b}{\sin\angle B} = \frac{c}{\sin\angle C}。$$

这就是所谓的正弦定理。但有一个问题还没有解决,上面这个比值是什么? 如果 $\triangle ABC$ 是直角三角形,例如 $\angle C = \dfrac{\pi}{2}$,则有

$$c = \frac{a}{\sin \angle A} = \frac{b}{\sin \angle B},$$

此时,c 是 Rt$\triangle ABC$ 外接圆的直径。一般情况下结论仍然正确吗? 学生只要作出三角形的外接圆不难看出类似的结论仍然正确。

应该注意的是,已知三角形一角两边的情况下,如果已知角不是两边的夹角,三角形可能是不确定的,即如果已知三角形的两边与一个边的对角,三角形可能是不确定的。如果 $b < a$,且 a 大于 AB 边上的高,则三角形有两种解(如图 5.2(a)所示,$\triangle ABC$ 及 $\triangle A'BC$ 均为解)。如果 a 小于 AB 边上的高,则三角形无解,如果 $b > a$,则三角形有唯一解(如图 5.2(b)所示)。

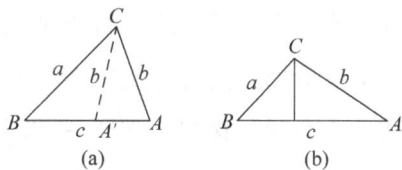

图　5.2

5.1.3 正弦定理教学案例设计

案例 1 正弦定理

教学目的:掌握正弦定理及其证明,并能用正弦定理解三角形。

教学重点:正弦定理的证明。

教学难点:正弦定理及其证明思路的发现。

教学过程:

一、问题引入

首先有必要帮助学生回顾初中学过的与三角形相关的内容,尤其是直角三角形的三角比,它是发现正弦定理的基础。

问题 1 三角形的边与角之间有哪些关系? 在全等三角形意义下,知道三角形的几条边、几个角可以唯一确定这个三角形?

围绕着这个问题展开分析,不难找到这个问题的直观答案,在此基础上进入正弦定理的探究。

二、新课教学

问题 2 如果已知三角形的某些边与角,能计算出该三角形所有的边与角,则称这个三角形是可解的。直角三角形何时可解?如何解?

由直角三角形锐角三角比及勾股定理,学生很容易回答知道一个锐角一条边或者两条边就可以解直角三角形。不过先别急于过渡到一般三角形,不妨先对三角比变换一下形式

$$c = \frac{a}{\sin\angle A} = \frac{b}{\sin\angle B},$$

进而探索一下上述等式右边两个比值的几何意义是什么?这将为正弦定理几何背景的探究打下基础。学生应该不难搞清楚,直角三角形的斜边是该直角三角形外接圆的直径,所以上述比值是三角形外接圆的直径。

问题 3 假设 $\triangle ABC$ 是任意三角形,需要几个条件可以解此三角形?如何求解?

通过对问题 1 的分析,不难得知,在全等意义下,知道两角一边或者两边及夹角可以唯一确定这个三角形,关键是如何寻找求解三角形的途径,一个可行的途径是将一般三角形转换成直角三角形。一般三角形分锐角与钝角两类(如图 5.3 所示)。

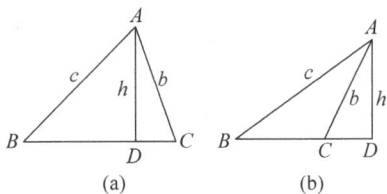

图　5.3

从三角形顶点 A 引高,交底边 BC(锐角三角形)或延长线(钝角三角形)于 D 点,则有

$h = c\sin\angle B = b\sin\angle C$(锐角情形,如图 5.3(a)) 或

$h = c\sin\angle B = b\sin(\pi - \angle C) = b\sin\angle C$(钝角情形,如图 5.3(b)),

从而

$$\frac{b}{\sin\angle B} = \frac{c}{\sin\angle C}。$$

由此可见,如果已知$\angle B$,$\angle C$,b,c中的三个,可以求出第四个。进一步,再从顶点B或顶点C引对边的高可得另一组等式

$$\frac{a}{\sin\angle A}=\frac{c}{\sin\angle C}\quad\text{或}\quad\frac{a}{\sin\angle A}=\frac{b}{\sin\angle B},$$

因此有

$$\frac{a}{\sin\angle A}=\frac{b}{\sin\angle B}=\frac{c}{\sin\angle C},$$

这就是正弦定理。

定理(正弦定理) 在一个三角形中,各边和它所对角的正弦的比相等。

问题 4 正弦定理中边与对应角正弦值之比有什么几何意义吗?

在直角三角形中,两个直角边分别与其对应锐角的正弦值之比相等并且等于斜边,而斜边恰好等于三角形外接圆的直径,这就引发学生作一般三角形的外接圆,看看能不能从外接圆中找到答案。学生一旦被引上这个思路,不难分析出类似的结论,即

$$\frac{a}{\sin\angle A}=\frac{b}{\sin\angle B}=\frac{c}{\sin\angle C}=2R,$$

其中R为三角形外接圆半径。

正弦定理的证明方法并不是唯一的,还可以采用向量法证明,只需从三角形的顶点(例如顶点A)引AC边的垂直单位向量$\boldsymbol{j}$(如图5.4所示)。

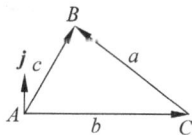

图 5.4

由

$$\overrightarrow{AB}=\overrightarrow{AC}+\overrightarrow{CB},$$

可得

$$\boldsymbol{j}\overrightarrow{AB}=\boldsymbol{j}\cdot(\overrightarrow{AC}+\overrightarrow{CB})=\boldsymbol{j}\cdot\overrightarrow{AC}+\boldsymbol{j}\cdot\overrightarrow{CB}=\boldsymbol{j}\cdot\overrightarrow{CB}。$$

利用向量内积(数量积)的定义可得

$$\frac{a}{\sin\angle A}=\frac{c}{\sin\angle C}。$$

类似地,过C点作垂直于$\overrightarrow{CB}$的单位向量$\boldsymbol{j}$,同理可以证明

$$\frac{b}{\sin\angle B}=\frac{c}{\sin\angle C}。$$

故有

$$\frac{a}{\sin\angle A}=\frac{b}{\sin\angle B}=\frac{c}{\sin\angle C}。$$

问题 5 在已知三角形哪些条件下可以运用正弦定理解三角形?

如果运用正弦定理解三角形,在三组等式 $\dfrac{a}{\sin\angle A}=\dfrac{b}{\sin\angle B}$, $\dfrac{b}{\sin\angle B}=$

$\dfrac{c}{\sin\angle C}$ 及 $\dfrac{a}{\sin\angle A}=\dfrac{c}{\sin\angle C}$ 中,至少要知道其中的三个量才能求出第四个

量,可见正弦定理可以解决已知两边及其中一边对角情况下的三角形或者

已知两角与一边情况下的三角形。

❯❯❯ 例 1 在 $\triangle ABC$ 中,已知 $c=10$,$\angle A=45°$,$\angle C=30°$。求 $\angle B$ 和

边 b。

解 $\angle B=180°-(\angle A+\angle C)=105°$,由

$$\frac{b}{\sin\angle B}=\frac{c}{\sin\angle C}$$

得

$$b=\frac{c\sin\angle B}{\sin\angle C}=\frac{10\sin105°}{\sin30°}=\frac{10\sin(60°+45°)}{\sin30°}$$

$$=\frac{10(\sin60°\cos45°+\cos60°\sin45°)}{\sin30°}$$

$$=\frac{10\left(\dfrac{\sqrt{3}}{2}\times\dfrac{\sqrt{2}}{2}+\dfrac{1}{2}\times\dfrac{\sqrt{2}}{2}\right)}{\dfrac{1}{2}}$$

$$=5\sqrt{6}+5\sqrt{2}\approx19。$$

❯❯❯ 例 2 在 $\triangle ABC$ 中,$a=2$,$b=2\sqrt{2}$,$\angle A=45°$,求 $\angle B$ 与 c。

解 因为 $\dfrac{a}{\sin\angle A}=\dfrac{b}{\sin\angle B}$,所以

$$\sin\angle B=\frac{b\sin\angle A}{a}=\frac{2\sqrt{2}\times\dfrac{\sqrt{2}}{2}}{2}=1,$$

所以 $\angle B = 90°$，$c = \sqrt{b^2 - a^2} = \sqrt{8-4} = 2$。

三、课堂练习

1. 在 $\triangle ABC$ 中，已知：

(1) $b = 12$，$\angle A = 30°$，$\angle B = 120°$，求 a；

(2) $c = 10$，$\angle A = 45°$，$\angle C = 30°$，求 b，$S_{\triangle ABC}$；

(3) $\angle A = 30°$，$\angle B - \angle C = 60°$，$a = 2$，求 c。

2. 在 $\triangle ABC$ 中，已知：

(1) $b = \sqrt{3}$，$c = 1$，$\angle B = 60°$，求 a，$\angle A$，$\angle C$；

(2) $a = 2\sqrt{3}$，$b = 2\sqrt{2}$，$\angle B = 45°$，求 $\angle A$；

(3) $a = 20$，$b = 28$，$\angle A = 120°$，解这个三角形。

需要注意的是,如果三角形的两个边已知,一个边的对角已知,这个三角形可能有两个解,如果条件不恰当,还可能无解,也就是说,有这些条件构不成一个三角形。可以作为思考题由学生先行思考分析,分清各种可能的情形。

思考题 如果 $\triangle ABC$ 中已知两边及一角,当它们满足什么关系时三角形有一解、两解、无解？

5.2 余弦定理

5.2.1 余弦定理的向量法证明

由 5.1 节的讨论可知,已知三角形两角一边或一角两边是可以解三角形的,如果三角形的两边及两边的夹角已知,或者三边已知,在全等意义下,三角形是唯一确定的,这时如何解三角形? 正弦定理显然无能为力了。如何根据上述条件寻找三角形未知边与角? 向量法证明余弦定理固然简单,但如何想到这个证明的? 其内在的原理是什么? 如果说不清楚这个问题,学生只能机械套用了。

如图 5.5 所示,在 $\triangle ABC$ 中,已知 $|\overrightarrow{CA}| = b$, $|\overrightarrow{CB}| = a$ 及 $\angle C$,此时三角形在全等意义下是唯一确定的。这里应该解释清楚两个问题:

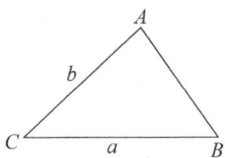
图 5.5

(1) 为什么将 $\overrightarrow{AB}$ 或 $\overrightarrow{BA}$ 用向量 $\overrightarrow{CA}$ 与 $\overrightarrow{CB}$ 表示?

(2) 可以将 $\overrightarrow{AB}$ 表示成 $\overrightarrow{AB} = \overrightarrow{AC} + \overrightarrow{CB}$ 吗?

第一个问题的答案不言自明,因为 $\overrightarrow{CA}$ 与 $\overrightarrow{CB}$ 的长度是已知的,希望以此来计算 $\overrightarrow{AB}$ 的长度。第二个问题的答案也不难明了,向量 $\overrightarrow{AC}$ 与 $\overrightarrow{CB}$ 的夹角并非 $\angle C$,而是 $\angle C$ 的补角,用这个表示当然也是可以的,但最后还需要利用诱导公式转换成 $\angle C$,所以简捷的方法是将 $\overrightarrow{AB}$ 表示成 $\overrightarrow{AB} = \overrightarrow{CB} - \overrightarrow{CA}$ 或 $\overrightarrow{BA} = \overrightarrow{CA} - \overrightarrow{CB}$。有了这个表示,根据向量长度的平方等于该向量与自身内积(数量积)的性质就可以将 $\overrightarrow{AB}$ 与自身的内积转换成 $\overrightarrow{CB} - \overrightarrow{CA}$ 与自身的内积了,即

$$c^2 = |\overrightarrow{AB}|^2 = \overrightarrow{AB} \cdot \overrightarrow{AB} = (\overrightarrow{CB} - \overrightarrow{CA}) \cdot (\overrightarrow{CB} - \overrightarrow{CA})$$

$$= \overrightarrow{CB} \cdot \overrightarrow{CB} + \overrightarrow{CA} \cdot \overrightarrow{CA} - 2\overrightarrow{CB} \cdot \overrightarrow{CA}$$

$$= a^2 + b^2 - 2ab\cos\angle C。$$

类似地可得另外两种情形下的公式

$$a^2 = b^2 + c^2 - 2bc\cos\angle A,$$

$$b^2 = c^2 + a^2 - 2ca\cos\angle B。$$

上述三个公式合称为余弦定理。

5.2.2 从勾股定理到余弦定理

向量法的好处是使得余弦定理的证明显得比较简洁,锐角三角形与钝角三角形可以统一处理,但失去的是其几何背景。时间允许的情况下最好能采用纯几何的方法重新证明,教学过程中,不妨将它作为课外思考题,要学生独立寻求解答。

勾股定理是余弦定理的特殊情形,如果三角形的一个角是直角,余弦

定理便退化成了勾股定理。所以余弦定理比较自然的证明思路是将一般三角形转换成直角三角形,这与正弦定理的几何证明是类似的,其证明也不复杂。

如图 5.6 所示,不妨设 $\triangle ABC$ 是锐角三角形,从顶点 A 引 CB 边的垂线交 CB 于 D,$|AD|=h$,则

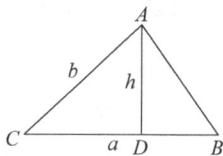

图 5.6

$$|CD|=b\cos\angle C, \quad |DB|=a-b\cos\angle C,$$

由勾股定理得

$$c^2=|AB|^2=h^2+|DB|^2=b^2-|CD|^2+|DB|^2$$
$$=b^2-(b\cos\angle C)^2+(a-b\cos\angle C)^2$$
$$=a^2+b^2-2ab\cos\angle C。$$

这个证明并不比向量法复杂多少,但其几何背景比较清楚,而且思路更自然一些。缺点是,需要分锐角三角形与钝角三角形两种情形讨论,但钝角三角形情形的证明方法与锐角三角形情形类似。

课堂上最好同时介绍向量法与几何法两种不同方法,很多时候,向量法虽然给证明带来一些便捷,但有可能将一个重要的几何背景给掩盖住了,从而丧失了几何直观能力的培养。

5.2.3 余弦定理教学案例设计

案例 1 余弦定理

教学目的:掌握余弦定理及其证明,并能用余弦定理解三角形。

教学重点:余弦定理的向量法与几何法证明。

教学难点:余弦定理及其证明思路的发现。

教学过程:

一、问题引入

正弦定理可以解决两角一边已知或两边及一边对角已知时的三角形,当三角形三边已知或两边与夹角已知时,正弦定理就无能为力了,所以课

堂上在回顾了正弦定理之后,不妨抛出下面的问题。

问题 1 如果已知△ABC 的两边及其夹角,或者已知该三角形的三边,这个三角形可解吗? 如何求解? 正弦定理能解这样的三角形吗?

由于前面已经对可解三角形做了比较充分的分析,所以该问题中第一问的答案是显而易见的,重要的是寻求第二问的解答。

二、新课教学

问题 2 假设已知△ABC 的两边 a,b 及夹角∠C,如何解此三角形?

课堂上的讨论可能要稍微灵活一点,学生如果有预习教材的习惯,教师引导学生探究这个问题时,学生多半会先入为主回答用向量法证明。所以需要发挥传统黑板的功能,不宜在探究的过程中直接使用 PPT。如果学生回答用向量法证明,教师不妨进一步追问,你怎么想到用向量法证明的? 为什么要将 $\overrightarrow{AB}$ 表示成 $\overrightarrow{CB}-\overrightarrow{CA}$ 的形式? 还有没有其他的证明方法?

问题 3 假设已知△ABC 的三边 a,b 与 c,如何解此三角形?

这个问题的解法与问题 2 类似,只不过是将余弦定理的形式做一番变化,即

$$\cos\angle C=\frac{a^2+b^2-c^2}{2ab}, \quad \cos\angle A=\frac{b^2+c^2-a^2}{2bc},$$

$$\cos\angle B=\frac{a^2+c^2-b^2}{2ac}。$$

在分析的过程中不妨与勾股定理做一下类比,这样更有利于学生对余弦定理的理解。

解三角形问题有一个变式可以提供给学生思考:已知平行四边形相连两边的长度与它们的夹角,能否求该平行四边形两条对角线的长度? 或者已知平行四边形两条边与一条对角线的长度,能否确定这个平行四边形? 如何计算另一条对角线的长度以及该平行四边形的内角?

>>> 例 1 在△ABC 中,已知 $b=3,c=2\sqrt{3},\angle A=30°$,求∠B,∠C 和边 a。

解 由余弦定理得

$$a^2=b^2+c^2-2bc\cos\angle A=9+12-18=3,$$

所以 $a=\sqrt{3}$。由于

$$c^2=a^2+b^2,$$

可见 $\triangle ABC$ 是直角三角形，故 $\angle C=90°$，$\angle B=60°$。

学生也许没有注意到这是一个直角三角形，而是用正弦定理

$$\frac{a}{\sin\angle A}=\frac{b}{\sin\angle B}$$

求出

$$\sin\angle B=\frac{b\sin\angle A}{a}=\frac{3\times\frac{1}{2}}{\sqrt{3}}=\frac{\sqrt{3}}{2}。$$

再根据边的大小判断出 $\angle B$ 是一个锐角，从而等于 $60°$。

>>> **例 2** 在 $\triangle ABC$ 中，已知 $a=\sqrt{6}$，$b=2$，$c=1+\sqrt{3}$，解三角形。

解 由余弦定理得

$$\cos\angle A=\frac{b^2+c^2-a^2}{2bc}=\frac{2^2+(1+\sqrt{3})^2-\sqrt{6}^2}{2\times2\times(1+\sqrt{3})}=\frac{1}{2},$$

所以 $\angle A=60°$。由

$$\cos\angle B=\frac{a^2+c^2-b^2}{2ac}=\frac{\sqrt{6}^2+(1+\sqrt{3})^2-2^2}{2\times\sqrt{6}\times(1+\sqrt{3})}=\frac{\sqrt{2}}{2},$$

故 $\angle A=45°$。进而 $\angle C=75°$。

只要知道了三角形的三边，由余弦定理便可以判断一个三角形是锐角三角形、直角三角形还是钝角三角形。事实上，由余弦值的符号可知对应的角是锐角还是钝角，所以如果已知 $\triangle ABC$ 的三边，c 是最长边，那么：

当 $a^2+b^2<c^2$ 时，$\cos\angle C<0$，$\angle C$ 是钝角，$\triangle ABC$ 是钝角三角形；

当 $a^2+b^2=c^2$ 时，$\cos\angle C=0$，$\angle C$ 是直角，$\triangle ABC$ 是直角三角形；

当 $a^2+b^2>c^2$ 时，$\cos\angle C>0$，$\angle C$ 是锐角三角形。

三、课堂总结

略。

5.3　正弦定理与余弦定理的应用

5.3.1　正弦定理与余弦定理的综合运用案例设计

案例 1　**正弦定理与余弦定理的综合运用**

教学目的：

(1) 进一步熟悉正、余弦定理；

(2) 边角互化；

(3) 判断三角形的形状；

(4) 证明三角形中的三角恒等式。

教学重点：利用正弦、余弦定理进行边角互换。

教学难点：

(1) 利用正弦、余弦定理进行边角互换时的转化方向；

(2) 三角恒等式证明中结论与条件之间的内在联系。

教学过程：

一、问题引入

问题 1　能否看出三角形面积公式与正弦定理之间的内在关系？

已知三角形两边及一边的对角，三角形是可解的，因此，三角形的面积也是确定的，由三角形面积公式不难看出正弦定理与面积之间的内在关系。事实上，由三角形面积公式

$$S_{\triangle ABC} = \frac{1}{2}bc\sin\angle A = \frac{1}{2}ac\sin\angle B = \frac{1}{2}ab\sin\angle C$$

知

$$\frac{1}{2}bc\sin\angle A = \frac{1}{2}ac\sin\angle B;$$

$$\frac{1}{2}ac\sin\angle B = \frac{1}{2}ab\sin\angle C;$$

$$\frac{1}{2}bc\sin\angle A = \frac{1}{2}ab\sin\angle C。$$

变形便得正弦定理,于是得到了正弦定理的又一种证明方法。由

$$\frac{a}{\sin\angle A} = \frac{b}{\sin\angle B} = \frac{c}{\sin\angle C} = 2R$$

知

$$a = 2R\sin\angle A，\quad b = 2R\sin\angle B = 2R\sin\angle C，$$

可见

$$\sin\angle A : \sin\angle B : \sin\angle C = a : b : c。$$

问题 2　如果 A 与 B 是两个互补或互余的角,它们的三角函数值之间是什么关系?

互补与互余角之间三角函数值的关系对于三角恒等式的变换是有用的,而三角形的一个内角与其余两个角的和刚好是互补的,所以可能出现一些与三角形有关的三角恒等式问题,需要利用这种关系进行变换与化简。

二、新课教学

问题 3　在 $\triangle ABC$ 中,已知 $S_{\triangle ABC} - \sqrt{3}$,$a - 2\sqrt{3}$,$b = 2$,能不能解此三角形?

由问题 1 的讨论不难回答这个问题。

问题 4　在 $\triangle ABC$ 中,$2b = a + c$,三角形的三个内角之间有什么关系?

学生应该不难想到正弦定理,由

$$\frac{a}{\sin\angle A} = \frac{b}{\sin\angle B} = \frac{c}{\sin\angle C} = 2R，$$

不难得到关系式

$$2\sin\angle B = \sin\angle A + \sin\angle C。$$

问题 5　在 $\triangle ABC$ 中,已知

$$\sin^2\angle B - \sin^2\angle C = \sin\angle A(\sqrt{2}\sin\angle B - \sin\angle A)，$$

能不能求出∠C？

这个问题稍微有一点难度,需要先利用正弦定理将上式转换成三角形三边之间的关系,然后再利用余弦定理便可以求出∠C了。

问题 6　在△ABC中,已知$(a+b)(a-b)=c(b+c)$,能否求出∠A？

回答这个问题的思路与问题 5 类似。

>>> 例 1　在△ABC中,a,b,c分别是∠A,∠B,∠C的对边,试证明$a=b\cos\angle C+c\cos\angle B$。

只需要利用余弦定理将$\cos\angle C$及$\cos\angle B$用三角形的三边表示,化简之后便得到所要的等式。

>>> 例 2　根据下列条件判断△ABC的形状

(1) $a\cos\angle B=b\cos\angle A$; (2) $a\cos\angle A=b\cos\angle B$。

解决这类问题无非是两种方法,一种方法是利用正弦定理或余弦定理将角的三角函数值转换成边,另一种方法是将三角形的各个边转换成三角形内角的三角函数值。在(1)中,可以利用余弦定理将等式$a\cos\angle B=b\cos\angle A$转换成

$$a\frac{a^2+c^2-b^2}{2ac}=b\frac{b^2+c^2-a^2}{2bc},$$

于是有

$$a^2+c^2-b^2=b^2+c^2-a^2,$$

进而得$a=b$,故△ABC是等腰三角形。

也可以利用正弦定理将(1)中a,b转换成对应角的正弦值,从而得

$$\sin\angle A\cos\angle B=\sin\angle B\cos\angle A,$$

于是有$\sin(\angle A-\angle B)=0$,故∠$A=\angle B$,即△$ABC$是等腰三角形。

(2)的证明思路与(1)一样,也有两种方法。

思考题　如果$a,a+1,a+2$构成钝角三角形,试讨论a的取值范围。

5.3.2　正弦定理与余弦定理在生活中的应用案例设计

◀ **案例 1**　**正弦定理与余弦定理在生活中的应用**

教学目的：能运用正弦定理、余弦定理解决一些与测量和几何计算有关的实际问题，提高学生应用数学知识的能力。

教学重点：如何将正弦定理余弦定理运用于实际问题。

教学难点：合理选择正弦定理、余弦定理进行运算。

教学过程：

一、问题引入

问题 1　除了数学上的解三角形与三角恒等式变换，正弦定理与余弦定理与实际生活中的哪些问题可能有关系？利用这些定理解决实际问题与解决数学问题有什么不同？

在利用正弦定理余弦定理研究几何与三角恒等式的变换时，相关的三角形通常是给定的，但实际问题中，有时需要首先构造合适的三角形，换言之，需要在实际问题与数学之间架设一座桥梁，这座桥梁就是数学模型。教材这一节的编写可圈可点（参见义献[8]），关于天文、建筑、山坡、航海等若干应用题是具有代表性的。教材中的例 3～例 6 是课堂教学不错的素材，实际教学过程可以根据需要作适当删改，这些问题在数学上没有多少难度。

这里不妨引导学生熟悉一下实际问题中常用的术语，它们并不难理解。

（a）仰角和俯角是指与目标视线在同一垂直平面内的水平视线的夹角。其中目标视线在水平视线的目标视线上方时叫仰角，目标视线在水平视线的下方时叫俯角。

（b）方向角是指从指定方向线到目标方向线的水平角，如北偏东 30°，南偏西 45°。

（c）方位角是指从正北方向顺时针旋转到目标方向线的水平角。

（d）坡度是坡面与水平面所成的角的度数。

二、新课教学

>>> **例1**　如图 5.7 所示，设 A，B 两点在河的两岸。需要测量 A，B 两点间的距离，测量者在 A 的同侧河岸边选定一点 C。测出 $AC=55\text{m}$，$\angle BAC=45°$，$\angle ACB=75°$。求 A，B 两点间的距离。

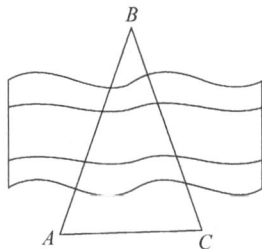

如果 AC 两点是相通的，则可以选择合适的 C 点使得 $\angle ACB$ 更特殊甚至可以构造一个直角三角形。题目可以做适当改进，AC 之间也许有障碍物，不能随便移动 C 点。这类问题并非没有实际意义，例如，从 A 点发射炮弹，如何准确命中 B 点，就需要知道 AB 两点之间的距离。

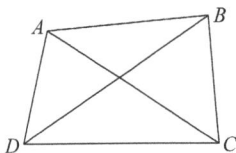

图　5.7

>>> **例2**　如图 5.8 所示，为了测量河对岸两点 A，B 之间的距离，在河岸这边取点 C，D，测得 $\angle ADC=75°$，$\angle BDC=30°$，$\angle ACD=30°$，$\angle BCD=70°$，$CD=100\text{m}$。设 A，B，C，D 在同一个平面内，试求 A，B 之间的距离。

图　5.8

本题涉及 $70°$ 角的三角函数值的计算，既可以查表，也可以直接计算。教师可以根据学生的实际情况决定是否要求学生进行计算，但课堂上介绍近似计算会分散本节课的主题，不妨作为课外思考题。这类三角函数值的近似计算恰恰是体验函数零点近似计算比较合适的例子。

$70°$ 角与 $40°$ 角、$20°$ 角或 $10°$ 角的三角函数值计算本质上是一样的，这里以 $10°$ 角为例。

$$\sin30° = \sin(20°+10°) = \sin20°\cos10° + \cos20°\sin10°$$
$$= 2\sin10°(1-\sin^2 10°) + (1-2\sin^2 10°)\sin10°$$
$$= -4\sin^3 10° + 3\sin10°,$$

于是得到一个关于 $\sin10°$ 的三次等式

$$4\sin^3 10° - 3\sin 10° + \frac{1}{2} = 0。$$

考察三次方程

$$4x^3 - 3x + \frac{1}{2} = 0$$

的根,如果在此之前介绍过方程与函数零点的关系,则可以利用二分法求近似解。记

$$f(x) = 4x^3 - 3x + \frac{1}{2},$$

则

$$f(0) > 0,\quad f\left(\frac{1}{2}\right) < 0,$$

故 $f(x) = 0$ 有一个解位于 $\left(0, \frac{1}{2}\right)$ 内,分别取 $x = \frac{1}{5}, \frac{1}{6}$ 将发现 $f\left(\frac{1}{6}\right) > 0$,但 $f\left(\frac{1}{5}\right) < 0$,进而 $f(x) = 0$ 有一个解位于 $\left(\frac{1}{6}, \frac{1}{5}\right)$ 内。如果需要更高的精度,就需要考虑更复杂的分数了,例如,在精确到小数点后第二位的情况下,可以将 0.17 与 0.18 分别代入将发现 $f(0.17) > 0, f(0.18) < 0$,所以 $f(x) = 0$ 有一个解位于 $(0.17, 0.18)$ 内,再根据正弦函数在第一象限的单调性知 $\sin 10° = 0.17\cdots$,事实上,

$$\sin 10° = 0.17364817766693\cdots。$$

有了 $\sin 10°$ 的近似值,上述问题就不难求解了。

不妨从教材中再选择几个例子,最好选择教材中的例 3 与例 5,这是两个具有代表性的例子,此处不再赘述。

三、课堂练习

练习1 如图 5.9 所示,隔河看两目标 A, B,但不能到达,在岸边选取相距 1km 的 C, D 两点,并测得 $\angle ACB = 60°$,$\angle BCD = 45°$,$\angle ADC = 30°$,$\angle ADB = 45°$(A, B, C, D 在同一平面),求两目标 AB 之间的距离。

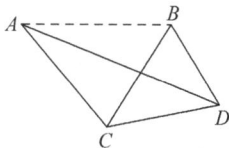
图 5.9

练习 2 一海轮以 20nmi/h 的速度向正东航行①,它在 A 点测得灯塔 P 在船的北偏东 60°,2 个小时后船到达 B 点时,测得灯塔在船的北偏东 45°,求:

(1) 船在 B 点时与灯塔 P 的距离。

(2) 已知以 P 为圆心,55nmi 的半径的圆形水域内有暗礁,那么船工继续向正东航行,有无触礁的危险。

练习 3 如图 5.10 所示,某人在高出海面 600m 的山顶 P 处,测得海面上的航标 A 在正东,俯角为 30°,航标 B 在南偏东 60°,俯角为 45°,求这两个航标间的距离。

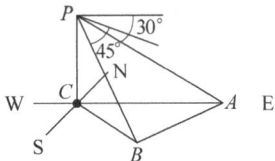
图 5.10

四、课外思考

思考题 已知三角形的三边分别为 a,b,c,如何求三角形的面积?

教材(参见文献[8])中有一个具体的例子(例 8),但没有介绍一般的公式。由余弦定理与正弦定理得到下面的面积公式

$$S_{\triangle ABC} = \frac{1}{4}\sqrt{2a^2b^2 + 2a^2c^2 + 2b^2c^2 - a^4 - b^4 - c^4}$$

并不难,但要得到海伦公式

$$S_{\triangle ABC} = \sqrt{p(p-a)(p-b)(p-c)} \quad \left(p = \frac{a+b+c}{2}\right),$$

则需经过复杂的因式分解过程,对学生而言可能有相当的难度,不妨以教师为主介绍一下这个公式。因为学生掌握这个公式所需要的准备知识都有了,除了技巧,理解上不会有什么问题。当然,最简单的验证方法是反过来做,将海伦公式中的因式展开便可以看出两个式子是相等的了。问题是,如果不知道有海伦公式呢? 如何对代数式

$$2a^2b^2 + 2a^2c^2 + 2b^2c^2 - a^4 - b^4 - c^4$$

进行因式分解?

————————

① 1nmi=1852m。

第6章 复数与三角函数的应用

6.1 复数在数学及自然科学中的应用

6.1.1 复数在几何中的应用例解

复数在数学上的应用十分广泛,无论是代数与几何都可以找到它的应用,本节通过几个几何问题展示复数的重要作用。

设 a 为平面内固定点,动点 z 到 a 的距离等于常数 r,则 z 满足条件

$$|z-a|=r,$$

显然 z 的轨迹是以 a 为中心,以 r 为半径的圆周(如图 6.1 所示)。

可以将 $|z-a|=r$ 改写成 $z-a=re^{i\theta}$ ($-\pi<\theta<\pi$),即

$$z=a+re^{i\theta},$$

则当 θ 从 $-\pi$ 变到 π 时,$z=a+re^{i\theta}$ 点围绕着以 a 点为圆心,半径为 r 的圆周走了一圈。

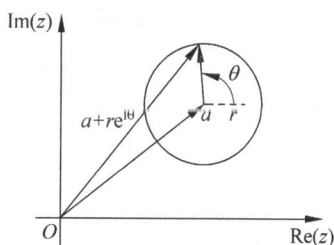

图 6.1

特别地,若 $a=0$,则圆周上的点 z 可以表示成

$$|z|=r \quad 或 \quad z=re^{i\theta}。$$

若 $r=1$,则有

$$|z|=1 \quad 或 \quad z=e^{i\theta},$$

它表示复平面内的单位圆。

>>> **例 1** 设 z_1,z_2 是任意两个复数,证明等式

$$|z_1+z_2|^2+|z_1-z_2|^2=2(|z_1|^2+|z_2|^2),$$

并解释其几何意义。

证 因为

$$|z_1+z_2|^2=(z_1+z_2)(\bar{z}_1+\bar{z}_2)=|z_1|^2+|z_2|^2+(z_1\bar{z}_2+z_2\bar{z}_1),$$

$$|z_1-z_2|^2=(z_1-z_2)(\bar{z}_1-\bar{z}_2)=|z_1|^2+|z_2|^2-(z_1\bar{z}_2+z_2\bar{z}_1),$$

将两式相加便得

$$|z_1+z_2|^2+|z_1-z_2|^2=2(|z_1|^2+|z_2|^2)。$$

上述等式是著名的平行四边形法则,即平行四边形的对角线的平方和等于四条边的平方和(如图6.2所示)。

>>> **例2** 求证三个复数 z_1,z_2,z_3 组成一正三角形的三个顶点的充要条件是它们适合等式

$$z_1^2+z_2^2+z_3^2=z_2z_3+z_3z_1+z_1z_2。$$

证明 必要性 设 $\triangle z_1z_2z_3$ 为正三角形(如图6.3所示),则三角形的三个外角都等于 $\dfrac{2}{3}\pi$,故

$$\arg\left(\frac{z_3-z_2}{z_2-z_1}\right)=\arg\left(\frac{z_1-z_3}{z_3-z_2}\right)=\frac{2}{3}\pi。$$

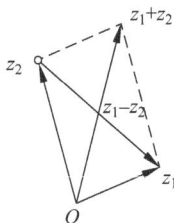

图 6.2

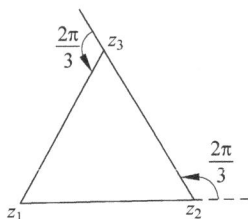

图 6.3

由三边相等,得

$$|z_2-z_1|=|z_3-z_2|=|z_1-z_3|,$$

故有

$$\frac{z_3-z_2}{z_2-z_1}=\frac{z_1-z_3}{z_3-z_2}\left(=e^{i\frac{2\pi}{3}}\right),$$

即

$$(z_3 - z_2)^2 = (z_1 - z_3)(z_2 - z_1),$$

展开并移项得

$$z_1^2 + z_2^2 + z_3^2 = z_2 z_3 + z_3 z_1 + z_1 z_2。$$

充分性 设等式 $z_1^2 + z_2^2 + z_3^2 = z_2 z_3 + z_3 z_1 + z_1 z_2$ 成立,按照必要性证明中的步骤反推可得等式

$$\frac{z_3 - z_2}{z_2 - z_1} = \frac{z_1 - z_3}{z_3 - z_2} = \frac{z_2 - z_1}{z_1 - z_3}。$$

这说明 $\triangle z_1 z_2 z_3$ 三外角相等,故为正三角形。

>>> 例 3 在直角坐标系 xOy 中,设点 P 的坐标为 $(3,4)$,点 Q 和点 R 分别在 x 轴的正半轴及 y 轴的正半轴上,满足 $PQ = QR = RP$,试求 PQ 的长度。

我们分别采用三角法、几何法以及复数法求解,不难看出,复数解法相对简洁一些。

解法 1(三角法) 如图 6.4 所示,记 $PQ = QR = RP = a$。作 $PE \perp x$ 轴于点 E,$PF \perp y$ 轴于点 F,记 $\angle RPF = \theta$,则 $\angle RPE = 90° - \theta$,$\angle QPE = 60° - \angle RPE = \theta - 30°$,所以

$$\begin{cases} a\cos\theta = 3, & (1) \\ a\cos(\theta - 30°) = 4, & (2) \end{cases}$$

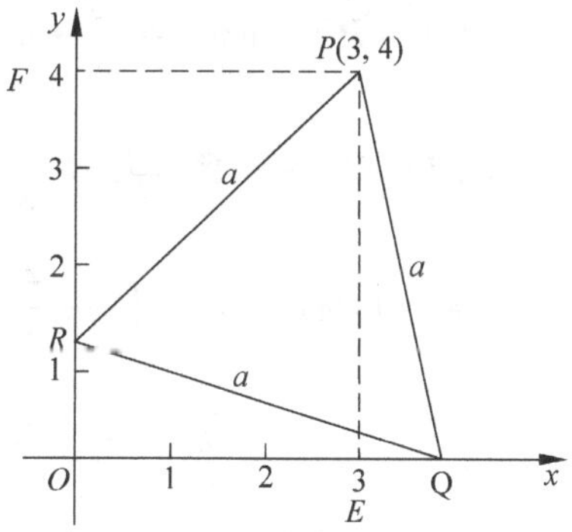

由(2)式得

图 6.4

$$a\cos\theta \cdot \cos 30° + a\sin\theta \cdot \sin 30° = 4,$$

由(1)式知 $3 \cdot \dfrac{\sqrt{3}}{2} + a\sin\theta \cdot \dfrac{1}{2} = 4$,从而 $a\sin\theta = 8 - 3\sqrt{3}$,所以

$$a^2 = (a\cos\theta)^2 + (a\sin\theta)^2 = 3^2 + (8 - 3\sqrt{3})^2,$$

故 $a = \sqrt{100 - 48\sqrt{3}} = 2\sqrt{25 - 12\sqrt{3}}$,即 $PQ = 2\sqrt{25 - 12\sqrt{3}}$。

解法 2(几何法) 过 P,Q,R 三点作圆,交 OQ 于点 M,作 $PN \perp MQ$,N 为垂足。连接 PM,MR。因为 $PR = RQ = QP$,即 $\angle PRQ = \angle RPQ = 60°$。又 R,P,Q,M 四点共圆(如图 6.5 所示),所以 $\angle PMQ = \angle PRQ =$

$60°,\angle MPN=30°,\angle RMO=\angle RPQ=60°$。

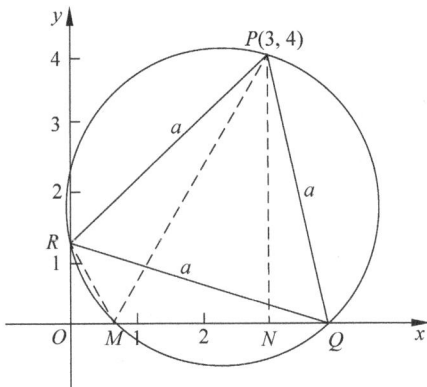

图　6.5

又因为 $PN=4,ON=3$,所以

$$MN=PN\tan30°=\frac{\sqrt{3}}{3}\cdot 4=\frac{4}{3}\cdot \sqrt{3},$$

$$OM=ON-MN=3-\frac{4}{3}\cdot \sqrt{3},$$

$$OR=OM\tan60°=\left(3-\frac{4}{3}\sqrt{3}\right)\sqrt{3}=3\sqrt{3}-4,$$

$$PQ=RP=\sqrt{ON^2+(PN-OR)^2}=\sqrt{3^2+(4-3\sqrt{3}+4)^2}$$

$$=\sqrt{100-48\sqrt{3}}=2\sqrt{25-12\sqrt{3}}\ 。$$

解法 3(复数法)　如图 6.6 所示,设 Q,R 的坐标分别为 $Q(x,0)$,$R(0,y)$,显然,向量 $\overrightarrow{PR}$ 绕 P 点沿逆时针方向旋转 $60°$ 后与向量 $\overrightarrow{PQ}$ 重合,而 $\overrightarrow{PR}$ 所对应的复数为 $-3+(y-4)\mathrm{i}(\mathrm{i}^2=-1)$,$\overrightarrow{PQ}$ 所对应的复数为 $x-3+(-4)\mathrm{i}$,所以

$$x-3+(-4)\mathrm{i}=(\cos60°+\mathrm{i}\sin60°)(-3+(y-4)\mathrm{i})$$

$$=\left(\frac{1}{2}+\frac{\sqrt{3}}{2}\mathrm{i}\right)\cdot(-3+(y-4)\mathrm{i})$$

$$=2\sqrt{3}-\frac{3}{2}-\frac{\sqrt{3}}{2}y+\left(\frac{y}{2}-2-\frac{3}{2}\sqrt{3}\right)\mathrm{i},$$

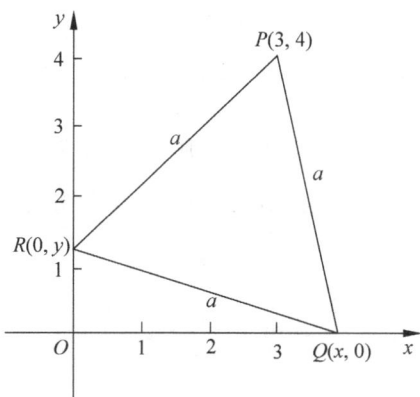

图 6.6

从而
$$\begin{cases} x-3=2\sqrt{3}-\dfrac{3}{2}-\dfrac{\sqrt{3}}{2}y, \\ -4=\dfrac{y}{2}-2-\dfrac{3}{2}\sqrt{3}, \end{cases}$$
由此可得
$$\begin{cases} x=4\sqrt{3}-3, \\ y=3\sqrt{3}-4, \end{cases}$$

于是

$$PQ=\sqrt{(x-3)^2+(-4)^2}=\sqrt{(4\sqrt{3}-6)^2+16}$$
$$=\sqrt{100-48\sqrt{3}}=2\sqrt{25-12\sqrt{3}}\,.$$

6.1.2 复数在运动力学中的应用初步

本节继续运用复数来讨论质点的平面运动问题,即高中物理中质点的等速圆周运动。

已知质点在半径为 r 的圆周上作等速运动,角速度为 ω,如图 6.7 所示,质点初始时刻在正实轴上,经过时间 τ 之后,质点的位置向量 $\overrightarrow{OZ}$ 对应的复数为 $z=re^{i\omega\tau}$。求此质点运动的瞬时速度与加速度。

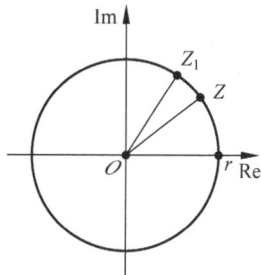

图 6.7

设从 τ 到 $\tau+\Delta\tau$ 这段时间内,质点的平均速

度为

$$\frac{z_1 - z}{\Delta \tau} = \frac{1}{\Delta \tau}(r \mathrm{e}^{\mathrm{i}\omega(\tau + \Delta \tau)} - r \mathrm{e}^{\mathrm{i}\omega\tau}) = r \mathrm{e}^{\mathrm{i}\omega\tau} \frac{\mathrm{e}^{\mathrm{i}\omega\Delta\tau} - 1}{\Delta \tau}。$$

当 $\Delta \tau$ 越小时,上述平均速度就越接近质点在时刻 τ 的瞬时速度,因此为了得到瞬时速度的准确值,只需令 $\Delta \tau \to 0$ 从而取其极限。由于 $r \mathrm{e}^{\mathrm{i}\omega\tau}$ 与 $\Delta \tau$ 无关,从而只需算出

$$\lim_{\Delta \tau \to 0} \frac{\mathrm{e}^{\mathrm{i}\omega\Delta\tau} - 1}{\Delta \tau}。$$

由

$$\mathrm{e}^{\mathrm{i}\omega\Delta\tau} - 1 = \cos\omega\Delta\tau - 1 + \mathrm{i}\sin\omega\Delta\tau$$

可知,只需分别算出

$$\lim_{\Delta \tau \to 0} \frac{\sin\omega\Delta\tau}{\Delta \tau}$$

与

$$\lim_{\Delta \tau \to 0} \frac{\cos\omega\Delta\tau - 1}{\Delta \tau}$$

便可。

由著名的重要极限

$$\lim_{\theta \to 0} \frac{\sin\theta}{\theta} = 1,$$

易知

$$\lim_{\Delta \tau \to 0} \frac{\sin\omega\Delta\tau}{\Delta \tau} = \lim_{\theta \to 0} \omega \frac{\sin\theta}{\theta} = \omega \lim_{\theta \to 0} \frac{\sin\theta}{\theta} = \omega。$$

令 $\theta = \dfrac{\omega\Delta\tau}{2}$ 有

$$\lim_{\Delta \tau \to 0} \frac{\cos\omega\Delta\tau - 1}{\Delta \tau} = -\lim_{\theta \to 0} \frac{1 - \cos2\theta}{\theta} \cdot \frac{\omega}{2} = -\omega \lim_{\theta \to 0} \frac{\sin^2\theta}{\theta}$$

$$= -\omega \lim_{\theta \to 0} \left(\frac{\sin\theta}{\theta}\right)^2 \cdot \theta = 0,$$

于是 $\lim\limits_{\Delta \tau \to 0} \dfrac{\mathrm{e}^{\mathrm{i}\omega\Delta\tau} - 1}{\Delta \tau} = \mathrm{i}\omega$,从而瞬时速度

$$v = \mathrm{i}\omega r\,\mathrm{e}^{\mathrm{i}\omega\tau} = \mathrm{i}\omega z \, .$$

瞬时速度的大小为 $|v| = \omega|z| = \omega r$。

正如速度 v 是位置 z 关于时间的变化率,因此从 v 求 a 与由 z 求 v 的步骤完全类似,故可得

$$a = \mathrm{i}\omega v = \mathrm{i}\omega(\mathrm{i}\omega z) = -\omega^2 z \, .$$

这说明,加速度的大小为

$$|a| = \omega^2|z| = \omega^2 r = \omega|v| \, .$$

而加速度的方向与 z 的方向相反,即指向圆心,为向心加速度。这就是高中物理书中讨论等速圆周运动时所得出的主要结论。

6.1.3 复数在电磁学中的应用初步

在电磁学中我们常会遇到计算交流电的电压与电流关系,同时由于存在复阻抗使电压与电流产生相位差,这就给我们的计算造成很大的不便,那么有没有一种简单的方法方便计算呢? 这种方法就是复数法,使用复数法会使计算大大简化。

复数法是用复数运算代替同频简谐量运算的方法,复数与简谐函数虽有所不同,但也有某些共性。复数由模及辐角唯一决定,频率 ω 一定的简谐函数则由峰值和相位唯一决定,模和峰值都是正数,其值可以从零取至无穷,当时间变量变化 $T = \dfrac{2k\pi}{\omega}$ 时辐角与相位保持不变。由于复数的运算比简谐函数的对应运算简单,因此可以将简谐函数转换成复数再进行运算,对给定的简谐函数

$$i(t) = I_m \cos(\omega t + \alpha),$$

可以峰值 I_m 作为模,相位 $\omega t + \alpha$ 为辐角构成复数 $I_m \mathrm{e}^{\mathrm{i}(\omega t+\alpha)}$,它称为简谐量 i 的复瞬时值。简谐量 i 与其复瞬时值 $I_m \mathrm{e}^{\mathrm{i}(\omega t+\alpha)}$ 一一对应。从简谐量确定其复瞬时值的变换称为正变换,从复瞬时值确定简谐量的变换称为反变换。把复瞬时值按欧拉公式展开得

$$I_m \mathrm{e}^{\mathrm{i}(\omega t + \alpha)} = I_m \cos(\omega t + \alpha) + \mathrm{i} I_m \sin(\omega t + \alpha),$$

可见复瞬时值的实部正是它所对应的简谐量。因此,从复瞬时值求简谐量可用如下公式

$$i(t) = \mathrm{Re}[I_m \mathrm{e}^{\mathrm{i}(\omega t + \alpha)}],$$

即简谐量＝Re(复瞬时值),上式称为反变换公式。

记 I 为简谐量的有效值(即如果交流电与直流电分别通过同一电阻,两者在相同的时间内所消耗的电能相等,或所产生的焦耳热相同,则此直流电的数值称为交流电有效值的数值),由物理学知

$$I = \frac{I_m}{\sqrt{2}},$$

故复瞬时有效值也可表示为

$$I_m \mathrm{e}^{\mathrm{i}(\omega t + \alpha)} = \sqrt{2}\, I \mathrm{e}^{\mathrm{i}\alpha} \mathrm{e}^{\mathrm{i}\omega t}。$$

对任何同频简谐量来说,因子 $\sqrt{2}\, I \mathrm{e}^{\mathrm{i}\alpha}$ 都是相同的,所以可以略去这一因子,将复数 $I \mathrm{e}^{\mathrm{i}\alpha}$ 称为简谐量 i 的复有效值,记为 $\dot{I}$。也就是说,复有效值 $\dot{I}$ 是以简谐量的有效值为模、以其初相为辐角的复数。复数法就是用复有效值的运算代替简谐量运算的方法,复有效值与复瞬时值有如下关系:

$$复瞬时值 = (复有效值) \times \sqrt{2}\, \mathrm{e}^{\mathrm{i}\omega t} = \dot{I} \sqrt{2}\, \mathrm{e}^{\mathrm{i}\omega t},$$

于是反变换公式可以写为 $i(t) = \mathrm{Re}(\dot{I} \sqrt{2}\, \mathrm{e}^{\mathrm{i}\omega t})$。

那么简谐量的运算变换与复有效值的运算之间是什么关系? 可以看到,简谐量的四种运算变换分别对应到复有效值的运算,有如下四个定理。

定理 1　简谐量 $i(t)$ 乘以实常数 k 后所得简谐量的复有效值等于其复有效值乘以 k,即 $ki(t)$ 的复有效值＝$k \times (i(t)$ 的复有效值$) = k\dot{I}$。

定理 2　同频简谐量之和(差)的复有效值等于简谐量的复有效值之和(差),即 $i_1(t) \pm i_2(t)$ 的复有效值＝$i_1(t)$ 的复有效值 $\pm i_2(t)$ 的复有效值＝$\dot{I}_1 \pm \dot{I}_2$。

定理 3　简谐函数导数的复有效值等于简谐函数的复有效值乘以 $\mathrm{i}\omega$,即

$\dfrac{\mathrm{d}i(t)}{\mathrm{d}t}$ 的复有效值 $= \mathrm{i}\omega \times (i(t)$ 的复有效值$) = \mathrm{i}\omega \dot{I}$。

定理 4 简谐函数积分的复有效值等于简谐函数的复有效值除以 $\mathrm{i}\omega$，即

$$\int i(t)\mathrm{d}t \text{ 的复有效值} = \frac{1}{\mathrm{i}\omega} \times (i(t) \text{ 的复有效值}) = \frac{\dot{I}}{\mathrm{i}\omega}。$$

复数法可以给求解电磁学中的交流电问题带来很大方便。

>>> 例 如图 6.8 所示的电路中，设

$$i_1(t) = I_{1m}\sin(\omega t + \varphi_1) = 100\sin\left(\omega t + \frac{\pi}{4}\right)\mathrm{A},$$

$$i_2(t) = I_{2m}\sin(\omega t + \varphi_2) = 60\sin\left(\omega t - \frac{\pi}{6}\right)\mathrm{A},$$

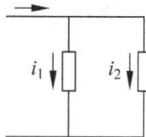

图 6.8

试求总电流 $i(t)$。

解法 1（三角函数法）

$$i(t) = i_1(t) + i_2(t) = I_{1m}\sin(\omega t + \varphi_1) + I_{2m}\sin(\omega t + \varphi_2)$$

$$= I_{1m}(\sin\omega t\cos\varphi_1 + \cos\omega t\sin\varphi_1) + I_{2m}(\sin\omega t\cos\varphi_2 + \cos\omega t\sin\varphi_2)$$

$$= (I_{1m}\cos\varphi_1 + I_{2m}\cos\varphi_2)\sin\omega t + (I_{1m}\sin\varphi_1 + I_{2m}\sin\varphi_2)\cos\omega t。$$

同频率的两个正弦量相加,得到的仍然是一个同频率的正弦量,设此正弦量为

$$i(t) = I_m\sin(\omega t + \varphi) = I_m\cos\varphi\sin\omega t + I_m\sin\varphi\cos\omega t,$$

则

$$I_m\cos\varphi = I_{1m}\cos\varphi_1 + I_{2m}\cos\varphi_2, \quad I_m\sin\varphi = I_{1m}\sin\varphi_1 + I_{2m}\sin\varphi_2,$$

因此总电流 $i(t)$ 的辐值为

$$I_m\cos\varphi = \sqrt{(I_{1m}\cos\varphi_1 + I_{2m}\cos\varphi_2)^2 + (I_{1m}\sin\varphi_1 + I_{2m}\sin\varphi_2)^2},$$

初相位

$$\varphi = \arctan\left(\frac{I_{1m}\sin\varphi_1 + I_{2m}\sin\varphi_2}{I_{1m}\cos\varphi_1 + I_{2m}\cos\varphi_2}\right)。$$

将

$$I_{1m} = 100\mathrm{A}, \quad I_{2m} = 60\mathrm{A}, \quad \varphi_1 = \frac{\pi}{4}, \quad \varphi_2 = -\frac{\pi}{6}$$

代入,则得

$$I_m = \sqrt{(70.7+52)^2 + (70.7-30)^2} = \sqrt{122.7^2 + 40.7^2} \approx 129\text{A},$$

$$\varphi = \arctan\left(\frac{70.7-30}{70.7+52}\right) = \arctan\frac{40.7}{122.7} = 18°20' = \frac{11\pi}{108}.$$

故得

$$i(t) = 129\sin\left(\omega t + \frac{11\pi}{108}\right)\text{A}.$$

解法 2（复数法）

$$I = I_{1m} + I_{2m} = I_{1m}e^{i\varphi_1} + I_{2m}e^{i\varphi_2} = 100e^{i\frac{\pi}{4}} + 60e^{-i\frac{\pi}{6}}$$

$$= \left(100\cos\frac{\pi}{4} + i100\sin\frac{\pi}{4}\right) + \left(60\cos\frac{\pi}{6} - i60\sin\frac{\pi}{6}\right)$$

$$= (70.7 + 70.7i) + (52 - 30i) = 122.7 + 40.7i = 129e^{i\frac{11\pi}{108}}\text{A}.$$

由上面的例题可以看出用三角法求解交流电问题比较复杂,而使用复数法求解则简单很多,大大简化了运算过程。

可以看出使用复数法,我们可以像计算纯电阻电路那样直接计算出电压、电容和电感所组成电路的总复阻抗而不用考虑相位差的存在,因为相位差已经在复数单位中体现出来,这是复数法的优点所在。

电磁学中交流电问题的求解方法有多种,例如三角法、复数法、相量图法等。这些方法中三角法求解过程比较复杂不适合求解较复杂的问题,相量图法比较直观,但处理较复杂的问题时,相量图画法比较复杂。而复数法集三角法和相量图法的优点于一身,可见复数法是比较好的求解交流电问题的方法。

6.2 傅里叶分析简介

6.2.1 傅里叶分析的起源

傅里叶分析包括傅里叶级数与傅里叶变换,最初源于金属的热传导问题。18世纪后半叶,法国科学家J.B.J.傅里叶在研究热传导方程的求解问题时,提出了任意周期函数都可以用三角级数来表示的想法。这种思想最初并没有严格的论证,然而,这一思想对近代数学以及物理、工程技术却产生了深远的影响,后人把傅里叶的三角级数称为傅里叶级数,这也是傅里叶分析的起源。

如今,傅里叶分析已经从最初的直线群(实数)与圆周群(复数)扩展到一般的抽象群,前者称为经典傅里叶分析,后者称为群上的傅里叶分析。数学中很多重要思想的形成,都与傅里叶分析密切相关。例如著名的希尔伯特空间理论便是基于傅里叶分析基础上的重要理论,希尔伯特空间正交基理论的产生便与傅里叶级数中的三角(或指数)基有关,所以人们也将希尔伯特空间中的正交基理论称为希尔伯特空间中的傅里叶分析。

傅里叶分析的基本方法是将一些周期性非正弦信号转换成一系列正弦波和余弦波的叠加,即三角级数展开,大学微积分课程中对此有过初步介绍。但傅里叶分析远不似大学微积分教材中所阐述的那么简单,事实上,要真正掌握这套理论,需要专门的课程。本节从物理与数学两个层面上对这一理论做一简单介绍,由此可以初步领略复数与三角函数在傅里叶分析中所发挥的强大威力。

6.2.2　傅里叶分析的物理背景

自然界中有很多具有周期性的现象,大海的潮涨潮落,声音的抑扬顿挫,这些现象都具有某种周期性,如何刻画和分析这种周期现象?傅里叶分析正是描述与分析周期现象的强有力工具。

以声音为例,声音有三个基本特征:音调、响度、音色,它是从不同的角度来描述声音。音调指声音的高低,由振动的频率决定,响度指声音的强弱或大小,与振动的振幅和听者与振动的距离有关,音色则是发声体本身决定的特性,即音频泛音或谐波成分,可以通过波的形状来分辨。

声音是随着时间变化的,根据时间的变化研究声音的变化规律称为时域分析,这种分析往往很复杂,现实的声音通常是很复杂的波形,它是很多不同频率的正弦波或余弦波的叠加,即使是一个并不那么复杂的波形,分析其变化规律可能也是复杂的。但如果换一个角度看,事情要简单得多,这就是看波的频率,通过频率来研究声音的变化称为频域分析。傅里叶变换正是沟通时域与频域的一座桥梁。

可以通过一个简单直观的例子来说明两者的不同,正弦波 $y = \sin x$ 的图像如图 6.9 所示。

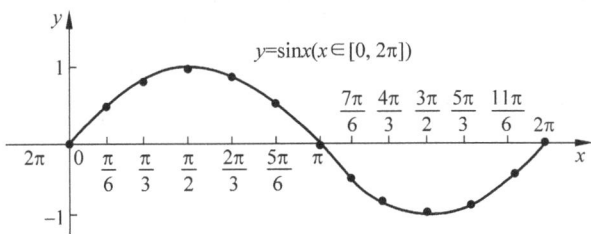

图　6.9

$y = \sin x$ 表示一个单频信号,x 前面的系数 1 代表单个频率,音调的高低与振动频率成正比,物体振动速度越快则音调越高。正弦函数随时间变化一个波形表示完成一次振动,音调越高,说明每秒振动的次数越多。例如 C 调的 Do,其频率为 261.6 Hz,D 调的 Re,其频率为 293.7 Hz。我们熟悉的钢琴上每个键都对应一个特定的频率,琴键从低音到高音排列形成一条直线,这就是频率轴,琴键对应的频率是频率轴上的有限个点,每一个单音在频率轴上都有一个对应的点。应该注意的是,数学上说 $y = \sin x$ 的频率为 1 并非指该单音的实际频率就是 1,它在数学上指"单位时间"内变化一次,但这个单位时间代表的实际时间并未确定(变化一次所需的实际时间)。图 6.10 表示的是一个八分音符,它在五线谱中处于不同位置时所代表的音是不同的,它代表中央音 Do 时,其频率为 261.6 Hz,要注意数学上的表示与实际频率之间的这种差异。

而如果用频率来表示的话,它就是如图 6.10 的一个简单的八分音符。

图　6.10

正因如此,我们对着乐谱便可以演绎一首优美的音乐,通俗点讲,乐谱就是音乐在频域上的表现,时域到频域的转换就是傅里叶变换。任何周期函数都可以看成不同频率、不同振幅以及不同相位的正弦波的叠加,正是有了相位差,所以周期函数的傅里叶级数中出现了余弦。

如果用一种形象的语言来看傅里叶分析,相当于我们以时间与频率为轴建立一个坐标系,沿着时间轴与频率轴上看到的图像分别是频域图像与时域图像,如图 6.11(图片来自网络,参见文献[11])。

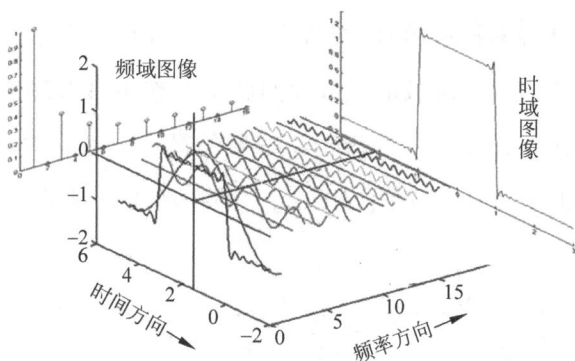

图　6.11

傅里叶分析告诉我们,通过傅里叶变换可以将时域上的信号转换成频域形式,在频域上分析信号的各种成分或剔除某种成分(把某种成分剔除也称为滤波,即过滤掉噪声),也可以通过成分的叠加合成某种信号(仿真)。

6.2.3　傅里叶分析中的两个基本概念

1. 傅里叶级数

傅里叶分析包括傅里叶级数与傅里叶变换,先来看看傅里叶级数。为简单起见,不妨设 $y=f(x)$ 是 2π 为周期的函数,记

$$a_n=\frac{1}{\pi}\int_{-\pi}^{\pi}f(x)\cos nx\,\mathrm{d}x,\quad n=0,1,2,\cdots,$$

$$b_n = \frac{1}{\pi} \int_{-\pi}^{\pi} f(x) \sin nx \, \mathrm{d}x, \quad n = 1, 2, \cdots,$$

则称级数

$$\frac{a_0}{2} + \sum_{n=1}^{\infty} (a_n \cos nx + b_n \sin nx)$$

为函数 $y = f(x)$ 的傅里叶级数，记作

$$f(x) \sim \frac{a_0}{2} + \sum_{n=1}^{\infty} (a_n \cos nx + b_n \sin nx)。$$

上式中的 ～ 不能轻易换成等号，如前所述，即使 $f(x)$ 是连续函数，等号也未必成立。关于傅里叶级数的收敛性问题是个难题，只有在实变函数理论建立之后才能进行比较深入的讨论。一般的微积分教材中仅给出了一个充分性条件，即当 $y = f(x)$ 是 $[-\pi, \pi]$ 上的按段光滑函数（按段具有连续导数）时，则有

$$\frac{f(x+0) + f(x-0)}{2} = \frac{a_0}{2} + \sum_{n=1}^{\infty} (a_n \cos nx + b_n \sin nx)。$$

由欧拉公式可知，指数函数与三角函数之间是有关系的，即

$$\mathrm{e}^{\mathrm{i}nx} = \cos nx + \mathrm{i} \sin nx,$$

如果引入复数，周期函数的傅里叶级数也可以表示成指数形式

$$f(x) \sim \sum_{n=-\infty}^{\infty} c_n \mathrm{e}^{\mathrm{i}nx},$$

其中

$$c_n = \frac{1}{2\pi} \int_{-\pi}^{\pi} f(x) \mathrm{e}^{-\mathrm{i}nx} \, \mathrm{d}x$$

是复傅里叶系数。

如果 $f(x)$ 是以 T 为最小正周期的周期函数，则其复数形式的傅里叶系数为

$$c_n^T = \frac{1}{T} \int_{-\frac{T}{2}}^{\frac{T}{2}} f(x) \mathrm{e}^{-\mathrm{i}n\frac{2\pi}{T}x} \, \mathrm{d}x。$$

不难看到

$$\cos n\frac{2\pi}{T}x = \frac{\mathrm{e}^{\mathrm{i}n\frac{2\pi}{T}x} + \mathrm{e}^{-\mathrm{i}n\frac{2\pi}{T}x}}{2}, \quad \sin n\frac{2\pi}{T}x = \frac{\mathrm{e}^{\mathrm{i}n\frac{2\pi}{T}x} - \mathrm{e}^{-\mathrm{i}n\frac{2\pi}{T}x}}{2},$$

由此不难计算出指数形式的傅里叶系数 c_n^T 与三角形式的傅里叶系数

$$a_n^T = \frac{2}{T}\int_{-\frac{T}{2}}^{\frac{T}{2}} f(x)\cos n\frac{2\pi}{T}x\,\mathrm{d}x, \quad n=0,1,2,\cdots,$$

$$b_n^T = \frac{2}{T}\int_{-\frac{T}{2}}^{\frac{T}{2}} f(x)\sin n\frac{2\pi}{T}x\,\mathrm{d}x, \quad n=1,2,\cdots$$

之间的关系。

2. 傅里叶变换

傅里叶变换是傅里叶级数的延伸,它用于分析非周期信号的频谱特性。非周期信号可以看作不同频率的余弦分量叠加,其中频率分量可以是从 0 到无穷大的任意频率。傅里叶级数则是由离散的谐波分量组成。

对于非周期函数 $f(x)$,可以看成周期为 $T=\infty$的函数,但不是任意非周期函数都可以作傅里叶变换,要使得积分

$$\int_{-\infty}^{\infty} f(x)\mathrm{e}^{-\mathrm{i}tx}\,\mathrm{d}x$$

有意义,需要 $|f(x)|$ 是 **R** 上的可积函数(反常积分意义下),否则上述积分可能不存在。因此要对 $f(x)$ 作傅里叶变换,需假设 $f \in L^1(\mathbf{R})$,不了解 $L^1(\mathbf{R})$ 空间的读者不妨将 $f(x)$ 看成绝对值在 **R** 上黎曼可积的函数。记

$$F(t) = \int_{-\infty}^{\infty} f(x)\mathrm{e}^{-\mathrm{i}tx}\,\mathrm{d}x,$$

$F(x)$ 称为 $f(x)$ 的傅里叶变换。这个变换存在逆变换

$$f(x) = \frac{1}{2\pi}\int_{-\infty}^{\infty} F(t)\mathrm{e}^{\mathrm{i}tx}\,\mathrm{d}t,$$

有兴趣的读者不妨验证一下上述两个变换的互逆性。

傅里叶变换是一种特殊的积分变换。它能将满足一定条件的函数表示成三角函数(或指数函数)的线性组合或者积分。在不同的研究领域,傅里叶变换具有多种不同的变体形式,如连续傅里叶变换和离散傅里叶

变换。

　　从数学的角度看,傅里叶变换的本质是将时域上的微分方程变换成频域上的代数方程,只要求出相应代数方程的解再利用傅里叶逆变换便可以得到时域上微分方程的解。傅里叶变换在物理学、控制论、数论、组合数学、信号处理、概率、统计、密码学、声学、光学等领域都有着广泛的应用。

附录　复数与三角部分考试题收录

　　复数在高考中所占比重不大,大概有 5 分至 10 分的题。新课标中将复数的三角表示作为选学内容放在复数章节的最后,但依然没有介绍欧拉公式。本节搜集了近几年的部分考题,这些题目中的很大一部分如果采用复数的三角表示或使用欧拉公式,则显得简捷很多。例如第 1 小题如果知道将 z_1,z_2 表示成三角形式,很快便可得到答案,如果采用代数形式先算出两个复数的商再求辐角,则显然复杂很多。学生如果知道欧拉公式,并且懂得将复数的代数形式转换成三角形式,则很快就可以得到第 4 题的答案。又如解答题的第 24 题与第 25 题显然需要使用欧拉公式。这部分虽然与前几章关联不是很大,但从中可以看出,复数的三角表示与欧拉公式在解决与复数有关的问题中是多么重要。

　　三角函数与解三角形在考试中占有比较大的分量,通常会有两道 5 分的小题与一道 12 分的解答题,这里搜集的是近几年的部分考题。三角函数与解三角形题目众多,除了要熟悉三角函数(特别是正弦函数与余弦函数)的基本性质,三角公式的运用是关键。无论是判断与三角函数有关的函数性质,还是解三角形,都离不开三角公式。例如,在判断与三角函数有关的函数单调性、求函数的周期以及最大最小值时,通常需要利用三角公式将函数简化为一个单一的正弦函数或余弦函数,再根据正弦函数与余弦函数的性质进行判定。

　　中学既然介绍复数,除了应该同时介绍复数的三角表示,也应该介绍重要的欧拉公式,这样可以将复数与三角、指数函数与三角函数融为一体。实际上有些考题已经初步涉及这种关系,例如复数部分的第 24 与 25 题便要求学生了解这种关系。

1. 复数试题

1.1 选择题

*1. 设复数 $z_1=-1+i$，$z_2=\dfrac{1}{2}+\dfrac{\sqrt{3}}{2}i$，则 $\arg\dfrac{z_1}{z_2}$ 等于（　　）。

　　A. $-\dfrac{5}{12}\pi$ 　　　　B. $\dfrac{5}{12}\pi$ 　　　　C. $\dfrac{7}{12}\pi$ 　　　　D. $\dfrac{13}{12}\pi$

2. 复数 $z=\dfrac{m-2i}{1+2i}$（$m\in\mathbb{R}$，i 为虚数单位）在复平面上对应的点不可能位于（　　）。

　　A. 第一象限 　　　B. 第二象限 　　　C. 第三象限 　　　D. 第四象限

*3. 如果 $\theta\in\left(\dfrac{\pi}{2},\pi\right)$，那么复数 $(1+i)(\cos\theta+i\sin\theta)$ 的辐角的主值是（　　）。

　　A. $\theta+\dfrac{9\pi}{4}$ 　　　B. $\theta+\dfrac{\pi}{4}$ 　　　C. $\theta-\dfrac{\pi}{4}$ 　　　D. $\theta+\dfrac{7\pi}{4}$

4. 复数 $\left(\dfrac{1}{2}+\dfrac{\sqrt{3}}{2}i\right)^3$ 的值是（　　）。

　　A. $-i$ 　　　　　B. i 　　　　　C. -1 　　　　　D. 1

5. 如图 A.1，与复平面中的阴影部分（含边界）对应的复数集合是（　　）。

　　A. $\left\{z\,\middle|\,|z|=1,\mathrm{Re}z\geqslant\dfrac{1}{2},z\in\mathbf{C}\right\}$

　　B. $\left\{z\,\middle|\,|z|\leqslant1,\mathrm{Re}z\geqslant\dfrac{1}{2},z\in\mathbf{C}\right\}$

　　C. $\left\{z\,\middle|\,|z|=1,\mathrm{Im}z\geqslant\dfrac{1}{2},z\in\mathbf{C}\right\}$

　　D. $\left\{z\,\middle|\,|z|\leqslant1,\mathrm{Im}z\geqslant\dfrac{1}{2},z\in\mathbf{C}\right\}$

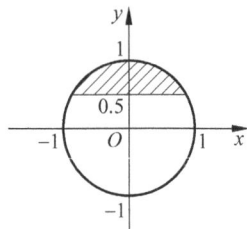

图　A.1

*6. 已知复数 $z=\sqrt{2}+\sqrt{6}i$，则 $\arg\dfrac{1}{z}$ 是（　　）。

　　A. $\dfrac{\pi}{6}$ 　　　　B. $\dfrac{11\pi}{6}$ 　　　　C. $\dfrac{\pi}{3}$ 　　　　D. $\dfrac{5\pi}{3}$

*7. 设复数 $z_1 = -1-i$ 在复平面上对应向量 $\overrightarrow{OZ_1}$,将 $\overrightarrow{OZ_1}$ 按顺时针方向旋转 $\frac{5}{6}\pi$ 后得到向量 $\overrightarrow{OZ_2}$,令 $\overrightarrow{OZ_2}$ 对应的复数 z_2 的辐角主值为 θ,则 $\tan\theta$ 等于(　　)。

　　A. $2-\sqrt{3}$　　　　B. $-2+\sqrt{3}$　　　C. $2+\sqrt{3}$　　　D. $-2-\sqrt{3}$

*8. 在复平面内,把复数 $3-\sqrt{3}i$ 对应的向量按顺时针方向旋转 $\frac{\pi}{3}$,所得向量对应的复数是(　　)。

　　A. $2\sqrt{3}$　　　　　B. $-2\sqrt{3}i$　　　　C. $\sqrt{3}-3i$　　　D. $3+\sqrt{3}i$

*9. 复数 $z=-3\left(\cos\frac{\pi}{5}-i\sin\frac{\pi}{5}\right)$(i 是虚数单位)的三角形式是(　　)。

　　A. $3\left[\cos\left(-\frac{\pi}{5}\right)+i\sin\left(-\frac{\pi}{5}\right)\right]$　　　B. $3\left(\cos\frac{\pi}{5}+i\sin\frac{\pi}{5}\right)$

　　C. $3\left(\cos\frac{4\pi}{5}+i\sin\frac{4\pi}{5}\right)$　　　　　D. $3\left(\cos\frac{6\pi}{5}+i\sin\frac{6\pi}{5}\right)$

10. 复数 $z_1=3+i$,$z_2=1-i$,则 $z=z_1 \cdot z_2$ 在复平面内的对应点位于(　　)。

　　A. 第一象限　　B. 第二象限　　　C. 第三象限　　　D. 第四象限

11. 设复数 $z_1=2\sin\theta+i\cos\theta\left(\frac{\pi}{4}<\theta<\frac{\pi}{2}\right)$ 在复平面上对应向量 $\overrightarrow{OZ_1}$,将 $\overrightarrow{OZ_1}$ 按顺时针方向旋转 $\frac{3}{4}\pi$ 后得到向量 $\overrightarrow{OZ_2}$,$\overrightarrow{OZ_2}$ 对应的复数为 $z_2=r(\cos\varphi+i\sin\varphi)$,则 $\tan\varphi$ 等于(　　)。

　　A. $\dfrac{2\tan\theta}{2\tan\theta-1}$　　B. $\dfrac{2\tan\theta-1}{2\tan\theta+1}$　　C. $\dfrac{1}{2\tan\theta+1}$　　D. $\dfrac{1}{2\tan\theta-1}$

*12. 复数 $-i$ 的一个立方根是 i,它的另外两个立方根是(　　)。

　　A. $\dfrac{\sqrt{3}}{2}\pm\dfrac{1}{2}i$　　B. $-\dfrac{\sqrt{3}}{2}\pm\dfrac{1}{2}i$　　C. $\pm\dfrac{\sqrt{3}}{2}+\dfrac{1}{2}i$　　D. $\pm\dfrac{\sqrt{3}}{2}-\dfrac{1}{2}i$

13. 复数 $\dfrac{(2+2i)^4}{(1-\sqrt{3}i)^5}$ 等于(　　)。

　　A. $1+\sqrt{3}i$　　　B. $-1+\sqrt{3}i$　　　C. $1-\sqrt{3}i$　　　D. $-1-\sqrt{3}i$

14. 设复数 $z=-\dfrac{1}{2}+\dfrac{\sqrt{3}}{2}i$（i 为虚数单位），则满足等式 $z^n=z$ 且大于 1 的正整数 n 中最小的是（　　）。

    A. 3　　　　　B. 4　　　　　C. 6　　　　　D. 7

15. 如果复数 z 满足 $|z+i|+|z-i|=2$，那么 $|z+i+1|$ 的最小值是（　　）。

    A. 1　　　　　B. $\sqrt{2}$　　　　　C. 2　　　　　D. $\sqrt{5}$

1.2　填空题

16. 已知 z 为复数，则 $z+\bar{z}>2$ 的一个充要条件是 z 满足_____。

17. 对于任意两个复数 $z_1=x_1+iy_1$，$z_2=x_2+iy_2$（x_1，y_1，x_2，y_2 为实数），定义运算"$\odot$"为：$z_1\odot z_2=x_1x_2+y_1y_2$。设非零复数 w_1，w_2 在复平面内对应的点分别为 P_1，P_2，点 O 为坐标原点。如果 $w_1\odot w_2=0$，那么在 $\triangle P_1OP_2$ 中，$\angle P_1OP_2$ 的大小为_____。

18. 若 $z\in\mathbf{C}$，且 $(3+z)i=1$（i 为虚数单位），则 $z=$_____。

19. 若复数 z 满足方程 $\bar{z}i=i-1$（i 是虚数单位），则 $z=$_____。

20. 已知 $a=\dfrac{-3-i}{1+2i}$（i 是虚数单位），那么 $a^4=$_____。

21. 复数 z 满足 $(1+2i)\bar{z}=4+3i$，那么 $z=$_____。

1.3　解答题

22. 已知 z，w 为复数，$(1+3i)z$ 为纯虚数，$w=\dfrac{z}{2+i}$，且 $|w|=5\sqrt{2}$，求 w。

23. 已知复数 $z=1+i$，求实数 a，b 使 $az+2b\bar{z}=(a+2z)^2$。

24. 已知 $z^7=1$（$z\in\mathbf{C}$ 且 $z\neq1$）。

（Ⅰ）证明 $1+z+z^2+z^3+z^4+z^5+z^6=0$；

（Ⅱ）设 z 的辐角为 α，求 $\cos\alpha+\cos2\alpha+\cos4\alpha$ 的值。

*25. 已知复数 $z_1=i(1-i)^3$。

（Ⅰ）求 $\arg z_1$ 及 $|z_1|$；

（Ⅱ）当复数 z 满足 $|z|=1$，求 $|z-z_1|$ 的最大值。

26. 对任意一个非零复数 z,定义集合 $M_z = \{w \mid w = z^{2n} - 1, n \in \mathbf{N}\}$。

（Ⅰ）设 α 是方程 $x + \dfrac{1}{x} = \sqrt{2}$ 的一个根,试用列举法表示集合 M_α；

（Ⅱ）设复数 $w \in M_z$,求证：$M_w \subseteq M_z$。

27. 对任意一个非零复数 z,定义集合 $M_z = \{w \mid w = z^n, n \in \mathbf{N}\}$。

（Ⅰ）设 z 是方程 $x + \dfrac{1}{x} = 0$ 的一个根,试用列举法表示集合 M_z。若在 M_z 中任取两个数,求其和为零的概率 P。

（Ⅱ）若集合 M_z 中只有 3 个元素,试写出满足条件的一个 z 值,并说明理由。

28. 设复数 z 满足 $|z| = 5$,且 $(3 + 4\mathrm{i})z$ 在复平面上对应的点在第二、四象限的角平分线上,$|\sqrt{2}z - m| = 5\sqrt{2}\,(m \in \mathbf{R})$,求 z 和 m 的值。

29. 已知复数 $z_0 = 1 - m\mathrm{i}\,(m > 0)$,$z = x + y\mathrm{i}$ 和 $\omega = x' + y'\mathrm{i}$,其中 x,y,x',y' 均为实数,i 为虚数单位,且对于任意复数 z,有 $\omega = \overline{z_0} \cdot \overline{z}$,$|\omega| = 2|z|$。

（Ⅰ）试求 m 的值,并分别写出 x' 和 y' 用 x,y 表示的关系式；

（Ⅱ）将 (x, y) 作为点 P 的坐标,(x', y') 作为点 Q 的坐标,上述关系式可以看作是坐标平面上点的一个变换：它将平面上的点 P 变到这一平面上的点 Q。

当点 P 在直线 $y = x + 1$ 上移动时,试求点 P 经该变换后得到的点 Q 的轨迹方程；

（Ⅲ）是否存在这样的直线：它上面的任一点经上述变换后得到的点仍在该直线上？若存在,试求出所有这些直线；若不存在,则说明理由。

*30. 设复数 $z = 3\cos\theta + \mathrm{i}2\sin\theta$。求函数 $y = \theta - \arg z\ \left(0 < \theta < \dfrac{\pi}{2}\right)$ 的最大值以及对应的 θ 值。

*31. 已知方程 $x^2 + (4 + \mathrm{i})x + 4 + a\mathrm{i} = 0\,(a \in \mathbf{R})$ 有实数根 b,且 $z = a + b\mathrm{i}$,求复数 $\overline{z}(1 - c\mathrm{i})\,(c > 0)$ 的辐角主值的取值范围。

*32. 设复数 z 满足 $4z+2\bar{z}=3\sqrt{3}+i, w=\sin\theta-i\cos\theta(\theta\in\mathbf{R})$。求 z 的值和 $|z-w|$ 的取值范围。

*33. 已知复数 z_1 满足 $(z_1-2)i=1+i$，复数 z_2 的虚部为 2，且 $z_1\cdot z_2$ 是实数，求复数 z_2 的模。

*34. 已知向量 $\overrightarrow{OZ}$ 所表示的复数 z 满足 $(z-2)i=1+i$，将 $\overrightarrow{OZ}$ 绕原点 O 按顺时针方向旋转 $\dfrac{\pi}{4}$ 得 $\overrightarrow{OZ'}$，设 $\overrightarrow{OZ'}$ 所表示的复数为 z'，求复数 $z'+\sqrt{2}i$ 的辐角主值。

*35. 已知复数 $z=\dfrac{1}{2}+\dfrac{\sqrt{3}}{2}i, w=\dfrac{\sqrt{2}}{2}+\dfrac{\sqrt{2}}{2}i$，求复数 $zw+zw^3$ 的模及辐角主值。

36. 已知复数 $z=\dfrac{1}{2}+\dfrac{\sqrt{3}}{2}i, w=\dfrac{\sqrt{2}}{2}+\dfrac{\sqrt{2}}{2}i$。复数 $z\bar{w}, z^2w^3$ 在复数平面上所对应的点分别是 P, Q。证明：$\triangle OPQ$ 是等腰直角三角形（其中 O 为原点）。

37. 设虚数 z_1, z_2 满足 $z_1^2=z_2$。

(1) 若 z_1, z_2 是一个实系数一元二次方程的两个根，求 z_1, z_2；

*(2) 若 $z_1=1+mi(m>0, i$ 为虚数单位$), w=z_2-2, w$ 的辐角主值为 θ，求 θ 的取值范围。

38. 设 z 是虚数，$w=z+\dfrac{1}{z}$ 是实数，且 $-1<w<2$。

（Ⅰ）求 $|z|$ 的值及 z 的实部的取值范围；

（Ⅱ）设 $u=\dfrac{1-z}{1+z}$，求证：u 为纯虚数；

（Ⅲ）求 $w-u^2$ 的最小值。

39. 已知复数 z_1, z_2 满足 $|z_1|=|z_2|=1$，且 $z_1+z_2=\dfrac{1}{2}+\dfrac{\sqrt{3}}{2}i$。求 z_1, z_2 的值。

*40. 设复数 $z=\cos\theta+i\sin\theta, \theta\in(\pi,2\pi)$。求复数 z^2+z 的模和辐角。

*41. 在复平面上,一个正方形的四个顶点按照逆时针方向依次为 z_1, z_2, z_3, O(其中 O 是原点),已知 z_2 对应复数 $z_2 = 1 + \sqrt{3}\,i$,求 z_1 和 z_3 对应的复数。

*42. 已知 $z = 1 + i$。

(Ⅰ)设 $w = z^2 + 3\bar{z} - 4$,求 w 的三角形式。

(Ⅱ)如果 $\dfrac{z^2 + ax + b}{z^2 - z + 1} = 1 - i$,求实数 a, b 的值。

43. 设 w 为复数,它的辐角主值为 $\dfrac{3}{4}\pi$,且 $\dfrac{(\bar{w})^2 - 4}{w}$ 为实数,求复数 w。

2. 三角函数试题

2.1 选择题

1. 为得到函数 $y = \cos\left(2x + \dfrac{\pi}{3}\right)$ 的图像,只需将函数 $y = \sin 2x$ 的图像(   )。

    A. 向左平移 $\dfrac{5\pi}{12}$ 个长度单位   B. 向右平移 $\dfrac{5\pi}{12}$ 个长度单位

    C. 向左平移 $\dfrac{5\pi}{6}$ 个长度单位   D. 向右平移 $\dfrac{5\pi}{6}$ 个长度单位

2. 若动直线 $x = a$ 与函数 $f(x) = \sin x$ 和 $g(x) = \cos x$ 的图像分别交于 M, N 两点,则 $|MN|$ 的最大值为(   )。

    A. 1   B. $\sqrt{2}$ C. $\sqrt{3}$ D. 2

3. $(\tan x + \cot x)\cos^2 x = ($ $)$。

    A. $\tan x$ B. $\sin x$ C. $\cos x$ D. $\cot x$

4. 若 $0 \leqslant \alpha \leqslant 2\pi$,$\sin\alpha > \sqrt{3}\cos\alpha$,则 α 的取值范围是(   )。

    A. $\left(\dfrac{\pi}{3}, \dfrac{\pi}{2}\right)$ B. $\left(\dfrac{\pi}{3}, \pi\right)$ C. $\left(\dfrac{\pi}{3}, \dfrac{4\pi}{3}\right)$ D. $\left(\dfrac{\pi}{3}, \dfrac{3\pi}{2}\right)$

5. 把函数 $y = \sin x\,(x \in \mathbf{R})$ 的图像上所有点向左平行移动 $\dfrac{\pi}{3}$ 个单位长度,再把所得图像上所有点的横坐标缩短到原来的 $\dfrac{1}{2}$ 倍(纵坐标不变),得到的图像所表示的函数是（　　）。

A. $y = \sin\left(2x - \dfrac{\pi}{3}\right), x \in \mathbf{R}$　　　　B. $y = \sin\left(\dfrac{x}{2} + \dfrac{\pi}{6}\right), x \in \mathbf{R}$

C. $y = \sin\left(2x + \dfrac{\pi}{3}\right), x \in \mathbf{R}$　　　　D. $y = \sin\left(2x + \dfrac{2\pi}{3}\right), x \in \mathbf{R}$

6. 设 $a = \sin\dfrac{5\pi}{7}, b = \cos\dfrac{2\pi}{7}, c = \tan\dfrac{2\pi}{7}$，则（　　）。

A. $a < b < c$　　　B. $a < c < b$　　　C. $b < c < a$　　　D. $b < a < c$

7. 将函数 $y = \sin\left(2x + \dfrac{\pi}{3}\right)$ 的图像按向量 $\boldsymbol{a}$ 平移后所得的图像关于点

$\left(-\dfrac{\pi}{12}, 0\right)$ 中心对称，则向量 $\boldsymbol{a}$ 的坐标可能为（　　）。

A. $\left(-\dfrac{\pi}{12}, 0\right)$　　B. $\left(-\dfrac{\pi}{6}, 0\right)$　　C. $\left(\dfrac{\pi}{12}, 0\right)$　　　D. $\left(\dfrac{\pi}{6}, 0\right)$

8. 已知 $\cos\left(\alpha - \dfrac{\pi}{6}\right) + \sin\alpha = \dfrac{4}{5}\sqrt{3}$，则 $\sin\left(\alpha - \dfrac{7\pi}{6}\right)$ 的值是（　　）。

A. $-\dfrac{2\sqrt{3}}{5}$　　　B. $\dfrac{2\sqrt{3}}{5}$　　　　C. $-\dfrac{4}{5}$　　　　D. $-\dfrac{4}{5}$

9. 将函数 $y = 3\sin(x - \theta)$ 的图像 F 按向量 $\left(\dfrac{\pi}{3}, 3\right)$ 平移得到图像 F'，

若 F' 的一条对称轴是直线 $x = \dfrac{\pi}{4}$，则 θ 的一个可能取值是（　　）。

A. $\dfrac{5}{12}\pi$　　　　B. $-\dfrac{5}{12}\pi$　　　　C. $\dfrac{11}{12}\pi$　　　　D. $-\dfrac{11}{12}\pi$

10. 函数 $f(x) = \sin^2 x + \sqrt{3}\sin x \cos x$ 在区间 $\left[\dfrac{\pi}{4}, \dfrac{\pi}{2}\right]$ 上的最大值是（　　）。

A. 1　　　　B. $\dfrac{1 + \sqrt{3}}{2}$　　　C. $\dfrac{3}{2}$　　　D. $1 + \sqrt{3}$

11. 函数 $f(x) = \dfrac{\sin x - 1}{\sqrt{3 - 2\cos x - 2\sin x}}(0 \leqslant x \leqslant 2\pi)$ 的值域是（　　）。

A. $\left[-\dfrac{\sqrt{2}}{2}, 0\right]$　　B. $[-1, 0]$　　　C. $[-\sqrt{2}, 0]$　　　D. $[-\sqrt{3}, 0]$

12. 函数 $f(x)=\cos x\,(x\in\mathbf{R})$ 的图像按向量 $(m,0)$ 平移后,得到函数 $y=-f'(x)$ 的图像,则 m 的值可以为( )。

    A. $\dfrac{\pi}{2}$ B. π C. $-\pi$ D. $-\dfrac{\pi}{2}$

13. 在同一平面直角坐标系中,函数 $y=\cos\left(\dfrac{x}{2}+\dfrac{3\pi}{2}\right)(x\in[0,2\pi])$ 的图像和直线 $y=\dfrac{1}{2}$ 的交点个数是( )。

    A. 0   B. 1   C. 2   D. 4

14. 若 $\cos\alpha+2\sin\alpha=-\sqrt{5}$,则 $\tan\alpha=($)。

    A. $\dfrac{1}{2}$ B. 2   C. $-\dfrac{1}{2}$ D. -2

15. 已知函数 $y=2\sin(\omega x+\varphi)(\omega>0)$ 在区间 $[0,2\pi]$ 的图像如图 A.2 所示,那么 $\omega=($)。

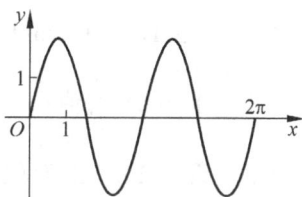

图 A.2

    A. 1   B. 2

    C. 1/2   D. 1/3

16. $\dfrac{3-\sin70^\circ}{2-\cos^2 10^\circ}=($)。

    A. $\dfrac{1}{2}$ B. $\dfrac{\sqrt{2}}{2}$ C. 2   D. $\dfrac{\sqrt{3}}{2}$

2.2 填空题

17. 函数 $f(x)=\sqrt{3}\sin x+\sin\left(\dfrac{\pi}{2}+x\right)$ 的最大值是_____。

18. 已知 a,b,c 为 $\triangle ABC$ 的三个内角 A,B,C 的对边,向量 $\boldsymbol{m}=(\sqrt{3},-1),\boldsymbol{n}=(\cos A,\sin A)$。若 $\boldsymbol{m}\perp\boldsymbol{n}$,且 $a\cos B+b\cos A=c\sin C$,则角 $B=$_____。

19. $f(x)=\cos\left(\omega x-\dfrac{\pi}{6}\right)$ 的最小正周期为 $\dfrac{\pi}{5}$,其中 $\omega>0$,则 $\omega=$_____。

20. 已知函数 $f(x)=(\sin x-\cos x)\sin x$，$x\in\mathbf{R}$，则 $f(x)$ 的最小正周期是_____。

21. 已知 $f(x)=\sin\left(\omega x+\dfrac{\pi}{3}\right)(\omega>0)$，$f\left(\dfrac{\pi}{6}\right)=f\left(\dfrac{\pi}{3}\right)$，且 $f(x)$ 在区间 $\left(\dfrac{\pi}{6},\dfrac{\pi}{3}\right)$ 有最小值，无最大值，则 $\omega=$ _____。

2.3 解答题

22. 设 $\triangle ABC$ 的内角 A，B，C 所对的边长分别为 a，b，c 且 $a\cos B-b\cos A=\dfrac{3}{5}c$。

（Ⅰ）求 $\tan A\cot B$ 的值；

（Ⅱ）求 $\tan(A-B)$ 的最大值。

23. 在 $\triangle ABC$ 中，$\cos B=-\dfrac{5}{13}$，$\cos C=\dfrac{4}{5}$。

（Ⅰ）求 $\sin A$ 的值；

（Ⅱ）设 $\triangle ABC$ 的面积 $S_{\triangle ABC}=\dfrac{33}{2}$，求 BC 的长。

24. 已知函数 $f(x)=\sin^2\omega x+\sqrt{3}\sin\omega x\sin\left(\omega x+\dfrac{\pi}{2}\right)(\omega>0)$ 的最小正周期为 π。

（Ⅰ）求 ω 的值；

（Ⅱ）求函数 $f(x)$ 在区间 $\left[0,\dfrac{2\pi}{3}\right]$ 上的取值范围。

25. 求函数 $y=7-4\sin x\cos x+4\cos^2 x-4\cos^4 x$ 的最大值与最小值。

26. 已知函数 $f(x)=2\cos^2\omega x+2\sin\omega x\cos\omega x+1(x\in\mathbf{R},\omega>0)$ 的最小值正周期是 $\dfrac{\pi}{2}$。

（Ⅰ）求 ω 的值；

（Ⅱ）求函数 $f(x)$ 的最大值，并且求使 $f(x)$ 取得最大值的 x 的集合。

27. 已知函数 $f(x)=\cos\left(2x-\dfrac{\pi}{3}\right)+2\sin\left(x-\dfrac{\pi}{4}\right)\sin\left(x+\dfrac{\pi}{4}\right)$，求：

（Ⅰ）函数 $f(x)$ 的最小正周期和图像的对称轴方程；

（Ⅱ）函数 $f(x)$ 在区间 $\left[-\dfrac{\pi}{12},\dfrac{\pi}{2}\right]$ 上的值域。

28. 已知函数 $f(x)=\sqrt{3}\sin(\omega x+\varphi)-\cos(\omega x+\varphi)(0<\varphi<\pi,\omega>0)$ 为偶函数,且函数 $y=f(x)$ 图像的两相邻对称轴间的距离为 $\dfrac{\pi}{2}$。

（Ⅰ）求 $f\left(\dfrac{\pi}{8}\right)$ 的值；

（Ⅱ）将函数 $y=f(x)$ 的图像向右平移 $\dfrac{\pi}{6}$ 个单位后,再将得到的图像上各点的横坐标伸长到原来的 4 倍,纵坐标不变,得到函数 $y=g(x)$ 的图像,求 $g(x)$ 的单调递减区间。

29. 在平面直角坐系 xOy 中,以 Ox 轴为始边做两个锐角 α,β,它们的终边分别与单位圆相交于 A,B 两点,已知 A,B 的横坐标分别为 $\dfrac{\sqrt{2}}{10},\dfrac{2\sqrt{5}}{5}$。

（Ⅰ）求 $\tan(\alpha+\beta)$ 的值；

（Ⅱ）求 $\alpha+2\beta$ 的值。

30. 在 $\triangle ABC$ 中,角 A,B,C 所对应的边分别为 $a,b,c,a=2\sqrt{3}$, $\tan\dfrac{A+B}{2}+\tan\dfrac{C}{2}=4,2\sin B\cos C=\sin A$,求 A,B 及 b,c。

31. 已知函数

$$f(t)=\sqrt{\dfrac{1-t}{1+t}},g(x)=\cos x \cdot f(\sin x)+\sin x \cdot f(\cos x),x\in\left(\pi,\dfrac{17\pi}{12}\right)。$$

（Ⅰ）将函数 $g(x)$ 化简成 $A\sin(\omega x+\varphi)+B(A>0,\omega>0,\varphi\in[0,2\pi))$ 的形式；

（Ⅱ）求函数 $g(x)$ 的值域。

32. 已知函数 $f(x)=2\sin\dfrac{x}{4}\cos\dfrac{x}{4}-2\sqrt{3}\sin^2\dfrac{x}{4}+\sqrt{3}$。

（Ⅰ）求函数 $f(x)$ 的最小正周期及最值；

（Ⅱ）令 $g(x)=f\left(x+\dfrac{\pi}{3}\right)$，判断函数 $g(x)$ 的奇偶性，并说明理由。

33. 设 $\triangle ABC$ 的内角 A，B，C 的对边分别为 a，b，c，且 $A=60°$，$c=3b$。求：

（Ⅰ）$\dfrac{a}{c}$ 的值；

（Ⅱ）$\cot B+\cot C$ 的值。

34. 已知向量 $\boldsymbol{m}=(\sin A,\cos A)$，$\boldsymbol{n}=(\sqrt{3},-1)$，$\boldsymbol{m}\cdot\boldsymbol{n}=1$，且 A 为锐角。

（Ⅰ）求角 A 的大小；（Ⅱ）求函数 $f(x)=\cos 2x+4\cos A\sin x\ (x\in\mathbf{R})$ 的值域。

35. 已知函数 $f(x)=A\sin(x+\varphi)(A>0,0<\varphi<\pi)$，$x\in\mathbf{R}$ 的最大值是 1，其图像经过点 $M\left(\dfrac{\pi}{3},\dfrac{1}{2}\right)$。

(1) 求 $f(x)$ 的解析式；

(2) 已知 $\alpha,\beta\in\left(0,\dfrac{\pi}{2}\right)$，且 $f(\alpha)=\dfrac{3}{5}$，$f(\beta)=\dfrac{12}{13}$，求 $f(\alpha-\beta)$ 的值。

36. 在 $\triangle ABC$ 中，内角 A，B，C 对边的边长分别是 a，b，c，已知 $c=2$，$C=\dfrac{\pi}{3}$。

（Ⅰ）若 $\triangle ABC$ 的面积等于 $\sqrt{3}$，求 a，b；

（Ⅱ）若 $\sin C+\sin(B-A)=2\sin 2A$，求 $\triangle ABC$ 的面积。

3. 解三角形试题

1. 在 $\triangle ABC$ 中，内角 A，B，C 的对边分别为 a，b，c，已知 $\dfrac{\cos A-2\cos C}{\cos B}=\dfrac{2c-a}{b}$。

(1) 求 $\dfrac{\sin C}{\sin A}$ 的值；

(2) 若 $\cos B=\dfrac{1}{4}$，$b=2$，求 $\triangle ABC$ 的面积 S。

2. 在 $\triangle ABC$ 中，角 A,B,C 的对边分别是 a,b,c，已知 $\sin C+\cos C=1-\sin\dfrac{C}{2}$。

(1) 求 $\sin C$ 的值；

(2) 若 $a^2+b^2=4(a+b)-8$，求边 c 的值。

3. 在 $\triangle ABC$ 中，角 A,B,C 的对边分别是 a,b,c。

(1) 若 $\sin\left(A+\dfrac{\pi}{6}\right)=2\cos A$，求 A 的值；

(2) 若 $\cos A=\dfrac{1}{3}$，$b=3c$，求 $\sin C$ 的值。

4. $\triangle ABC$ 中，D 为边 BC 上的一点，$BD=33$，$\sin B=\dfrac{5}{13}$，$\cos\angle ADC=\dfrac{3}{5}$，求 AD。

5. 在 $\triangle ABC$ 中，角 A,B,C 的对边分别是 a,b,c，已知 $a=1$，$b=2$，$\cos C=\dfrac{1}{4}$。

(1) 求 $\triangle ABC$ 的周长；

(2) 求 $\cos(A-C)$ 的值。

6. 在 $\triangle ABC$ 中，角 A,B,C 的对边分别是 a,b,c，已知 $\sin A+\sin C=p\sin B(p\in\mathbf{R})$，且 $ac=\dfrac{1}{4}b^2$。

(1) 当 $p=\dfrac{5}{4}$，$b=1$ 时，求 a,c 的值；

(2) 若角 B 为锐角，求 p 的取值范围。

7. 在 $\triangle ABC$ 中，角 A,B,C 的对边分别是 a,b,c。且
$$2a\sin A=(2b+c)\sin B+(2c+b)\sin C。$$

(1) 求 A 的值；

(2) 求 $\sin B + \sin C$ 的最大值。

8. 在 $\triangle ABC$ 中，角 A，B，C 的对边分别是 a，b，c，已知 $\cos 2C = -\dfrac{1}{4}$。

(1) 求 $\sin C$ 的值；

(2) 当 $a = 2$，$2\sin A = \sin C$ 时，求 b，c 的长。

9. 在 $\triangle ABC$ 中，角 A，B，C 的对边分别是 a，b，c，且满足 $\cos \dfrac{A}{2} = \dfrac{2\sqrt{5}}{5}$，$\overrightarrow{AB} \cdot \overrightarrow{AC} = 3$。

(1) 求 $\triangle ABC$ 的面积；

(2) 若 $b + c = 6$，求 a 的值。

10. 在 $\triangle ABC$ 中，角 A，B，C 的对边分别是 a，b，c，

$$\cos\left(C + \frac{\pi}{4}\right) + \cos\left(C - \frac{\pi}{4}\right) = \frac{\sqrt{2}}{2}。$$

(1) 求角 C 的大小；

(2) 若 $c = 2\sqrt{3}$，$\sin A = 2\sin B$，求 a，b。

11. 在 $\triangle ABC$ 中，角 A，B，C 的对边分别是 a，b，c，且

$$a\cos C + \frac{1}{2}c = b。$$

(1) 求角 A 的大小；

(2) 若 $a = 1$，求 $\triangle ABC$ 的周长 l 的取值范围。

12. 在 $\triangle ABC$ 中，角 A，B，C 的对边分别是 a，b，c，且满足

$$(2b - c)\cos A - a\cos C = 0。$$

(1) 求角 A 的大小；

(2) 若 $a = \sqrt{3}$，$S_{\triangle ABC} = \dfrac{3\sqrt{3}}{4}$，试判断 $\triangle ABC$ 的形状，并说明理由。

13. 在 $\triangle ABC$ 中，角 A，B，C 的对边分别是 a，b，c，且

$$2(a^2+b^2-c^2)=3ab。$$

(1) 求 $\sin^2\dfrac{A+B}{2}$；

(2) 若 $c=2$，求 $\triangle ABC$ 面积的最大值。

14. 在 $\triangle ABC$ 中，角 A,B,C 的对边分别是 a,b,c，且满足 $4a^2\cos B-2ac\cos B=a^2+b^2-c^2$。

(1) 求角 B 的大小；

(2) 设 $\boldsymbol{m}=(\sin 2A,-\cos 2C),\boldsymbol{n}=(-\sqrt{3},1)$，求 $\boldsymbol{m}\cdot\boldsymbol{n}$ 的取值范围。

15. 已知 $\boldsymbol{m}=(\sin\omega x,\cos\omega x),\boldsymbol{n}=(\cos\omega x,\cos\omega x)(\omega>0)$，若函数 $f(x)=\boldsymbol{m}\cdot\boldsymbol{n}-\dfrac{1}{2}$ 的最小正周期为 4π。

(1) 求函数 $y=f(x)$ 取最值时 x 的取值集合；

(2) 在 $\triangle ABC$ 中，角 A,B,C 的对边分别是 a,b,c，且满足 $(2a-c)\cos B=b\cos C$，求 $f(A)$ 的取值范围。

16. 如图 A.3 所示，$\triangle ABC$ 中，$\sin\dfrac{\angle ABC}{2}=\dfrac{\sqrt{3}}{3}$，$AB=2$，点 D 在线段 AC 上，且 $AD=2DC$，$BD=\dfrac{4\sqrt{3}}{3}$。

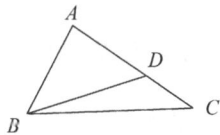

图　A.3

(1) 求 BC 的长；

(2) 求 $\triangle DBC$ 的面积。

17. 已知向量 $\boldsymbol{a}=(\cos\alpha,\sin\alpha),\boldsymbol{b}=(\cos\beta,\sin\beta),|\boldsymbol{a}-\boldsymbol{b}|=\dfrac{2\sqrt{5}}{5}$。

(1) 求 $\cos(\alpha-\beta)$ 的值；

(2) 若 $0<\alpha<\dfrac{\pi}{2},-\dfrac{\pi}{2}<\beta<0,\sin\beta=-\dfrac{5}{13}$，求 $\sin\alpha$。

18. 在 $\triangle ABC$ 中，角 A,B,C 的对边分别是 a,b,c，已知 $\sin^2 2C+\sin 2C\cdot\sin C+\cos 2C=1$，且 $a+b=5,c=\sqrt{7}$。

(1) 求角 C 的大小；

(2) 求 $\triangle ABC$ 的面积。

19. 在 $\triangle ABC$ 中，角 A，B，C 的对边分别是 a，b，c，且满足

$$\cos A \cdot (\sqrt{3}\sin A - \cos A) = \frac{1}{2}。$$

(1) 求角 A 的大小；

(2) 若 $a = 2\sqrt{2}$，$S_{\triangle ABC} = 2\sqrt{3}$，求 b，c 的长。

20. 已知函数 $f(x) = \frac{\sqrt{3}}{2}\sin \pi x + \frac{1}{2}\cos \pi x\ (x \in \mathbf{R})$，当 $x \in [-1,1]$ 时，其图像与 x 轴交于 M，N 两点，最高点为 P。

(1) 求 $\overrightarrow{PM}$，$\overrightarrow{PN}$ 夹角的余弦值；

(2) 将函数 $f(x)$ 的图像向右平移 1 个单位，再将所得图像上每点的横坐标扩大为原来的 2 倍，而得到函数 $y = g(x)$ 的图像，试画出函数 $y = g(x)$ 在 $\left[\frac{2}{3}, \frac{8}{3}\right]$ 上的图像。

21. 已知函数 $f(x) = 2a\sin^2 x + 2\sin x \cos x - a$（$a$ 为常数）在 $x = \frac{3\pi}{8}$ 处取得最大值。

(1) 求 a 的值；

(2) 求 $f(x)$ 在 $[0,\pi]$ 上的增区间。

22. 在 $\triangle ABC$ 中，角 A，B，C 的对边分别是 a，b，c，且 $b^2 + c^2 - a^2 = bc$。

(1) 求角 A 的大小；

(2) 若函数 $f(x) = \sin \frac{x}{2}\cos \frac{x}{2} + \cos^2 \frac{x}{2}$，当 $f(B) = \frac{\sqrt{2}+1}{2}$ 时，若 $a = \sqrt{3}$，求 b 的值。

23. 在 $\triangle ABC$ 中，角 A，B，C 的对边分别是 a，b，c，已知 $B = \frac{\pi}{3}$，$\sin A = \frac{3}{5}$，$b = \sqrt{3}$。

（1）求 $sinC$ 的值；

（2）求 $\triangle ABC$ 的面积。

24. 在 $\triangle ABC$ 中，角 A,B,C 的对边分别是 a,b,c，且

$$b\cos C=(3a-c)\cos B。$$

（1）求 $sinB$ 的值；

（2）若 $b=2$，且 $a=c$，求 $\triangle ABC$ 的面积。

25. 已知函数 $f(x)=\sqrt{3}\sin\dfrac{x}{2}\cos\dfrac{x}{2}+\cos^2\dfrac{x}{2}+\dfrac{1}{2}$。

（1）求 $f(x)$ 的单调区间；

（2）在锐角三角形 $\triangle ABC$ 中，角 A,B,C 的对边分别是 a,b,c，且满足 $(2b-a)\cos C=c\cos A$，求 $f(A)$ 的取值范围。

26. 在 $\triangle ABC$ 中，角 A,B,C 的对边分别是 a,b,c，$a\sin A\sin B+b\cos^2 A=\sqrt{2}a$。

（1）求 $\dfrac{b}{a}$；

（2）若 $c^2=b^2+\sqrt{3}a^2$，求角 B。

27. 如图 A.4 所示，港口 A 北偏东 $30°$ 方向的 C 处有一检查站，港口正东方向的 B 处有一轮船，距离检查站为 $31nmi$，该轮船从 B 处沿正西方向航行 $20nmi$ 后到达 D 处观测站，已知观测站与检查站距离为 $21nmi$，问此时轮船离港口 A 还有多远？

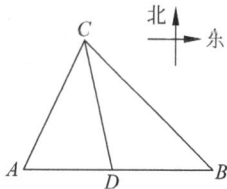

图 A.4

28. 如图 A.5 所示，某巡逻艇在 A 处发现在北偏东 $45°$ 距 A 处 $8nmi$ 的 B 处有一走私船，正沿东偏南 $15°$ 的方向以 $12nmi/h$ 的速度向我岸行驶，巡逻艇立即以 $12\sqrt{3}nmi/h$ 的速度沿直线追击，问巡逻艇最少需要多长时间才能追到走私船，并指出巡逻艇航行方向。

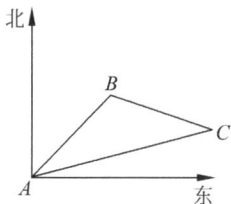

图 A.5

29. 在海岛 A 上有一座海拔 1km 的山峰，山顶设有一个观察站 P。有一艘轮船按一固定方向做匀速直线航行，上午 11:00 时，测得此船在岛北偏东 15°、俯角为 30° 的 B 处，到 11:10 时，又测得该船在岛北偏西 45°、俯角为 60° 的 C 处。

（1）求船航行速度；

（2）求船从 B 到 C 行驶过程中与观察站 P 的最短距离。

30. 如图 A.6 所示，甲船由 A 岛出发向北偏东 45° 的方向做匀速直线航行，速度为 $15\sqrt{2}$ nmi/h，在甲船从 A 到出发的同时，乙船从 A 岛正南 40nmi 处的 B 岛出发，朝北偏东 $\theta\left(\tan\theta=\dfrac{1}{2}\right)$ 的方向做匀速直线航行，速度为 m nmi/h。

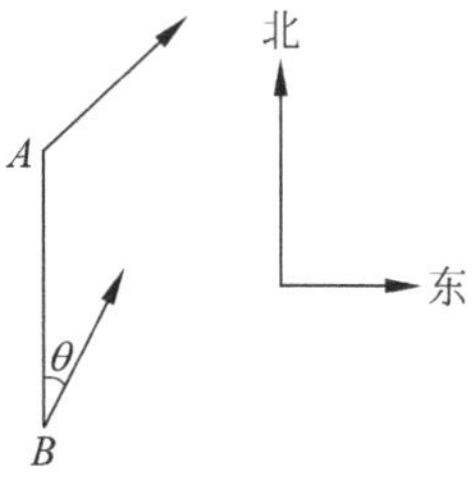

图 A.6

（1）求 4h 后甲船到 B 岛的距离为多少海里；

（2）若两船能相遇，求 m。

参 / 考 / 文 / 献

[1] 梁宗巨,王青建,孙宏安.世界数学通史[M].沈阳:辽宁教育出版社,2004.

[2] 容建湘.恒星天文学[M].北京:高等教育出版社,1986.

[3] 马奥尔.三角之美:边边角角的趣事[M].北京:人民邮电出版社,2010.

[4] 克莱因 M.古今数学思想(第三册)[M].上海:上海科学技术出版社,2014.

[5] 课程教材研究所.普通高中课程标准试验教科书 A 版·数学(必修 4)[M].北京:人民教育出版社,2007.

[6] 洪燕君,周九诗,王尚志,等.《普通高中数学课程标准(修订稿)》的意见征询——访谈张奠宙先生[J].数学教育学报,2015,24(3):35-39.

[7] 张奠宙,王振辉.关于数学的学术形态与教育形态[J].数学教育学报,2002,11(2):1-4.

[8] 课程教材研究所.普通高中课程标准试验教科书 A 版·数学(必修 5)[M].北京:人民教育出版社,2007.

[9] Heinrich.深入浅出傅里叶变换.http://www.elecfans.com/engineer/blog/20140527344277.html,2014.

索 / 引

B

摆线　13
半角三角公式　115
毕达哥拉斯　1
邦贝利　4
波形　15

C

抽象代数　22
初始相位　105
纯虚数　32,41

D

单位向量　6,29
单调性　93,94
丢番图　3
笛卡儿　5,108
德摩根　6
定义域　16
对应法则　67

F

峰值　151
复数　5,6
复变函数　3,
复数四则运算　10
辐角　32
傅里叶分析　15
傅里叶级数　11
傅里叶系数　158
复瞬时值　151

H

海伦　1
和差化积　107
弧度制　47

J

基　155
积化和差　107
积分变换　159
奇偶性　93
简谐函数　152
角度制　46
进制　45
矩阵　9
矩阵乘法　10

K

卡尔达诺　4

L

莱布尼茨　2,16

M

门纳劳斯　12
模　37

N

内摆线　13
内积　109
内积空间　109

O

欧拉　12

欧拉公式　16

欧拉常数　16

P

皮蒂斯楚斯　11

频率　97

频域　156

平移　59

R

锐角三角比　13

锐角三角函数　45

S

三角公式　80,112

三角函数　11

三角函数线　45

三角级数　111

三角比　13

伸缩变换　24

时域　156

数乘　31

数学模型　70

数域　16,24

四个要素　50

T

托勒密　12

W

外摆线　13

万能公式　115

韦塞尔　6

X

希帕索斯　1

喜帕凯斯　11

响度　155

向量空间　109

相位　105

虚数　3,5

旋转变换　6,7

Y

音调　155

音色　155

诱导公式　71

有向线段　6

余弦定理　49

余弦函数　37

余弦曲线　92

Z

振幅　97

正切函数　94

正弦函数　15

正弦曲线　4,92

正弦定理　49

直角三角形　73

值域　89

周期性　93

最大线性无关组　111

最小正周期　93